ÉCOLES DE [illegible]

par

[illegible]

AVOCAT A LA COUR DE [illegible]

Préface par [illegible]

[illegible]

[illegible]

Tirage : mille

21 Août 1899

Roger

LA COLONISATION PRATIQUE

DES
ECOLES DE COLONS

par

Gaston ROUSSET

AVOCAT A LA COUR DE PARIS

Préface par Charles LEMIRE

RÉSIDENT HONORAIRE DE FRANCE

A. CHARLES, LIBRAIRE-ÉDITEUR
8, Rue Monsieur-le-Prince, 8
PARIS

1899

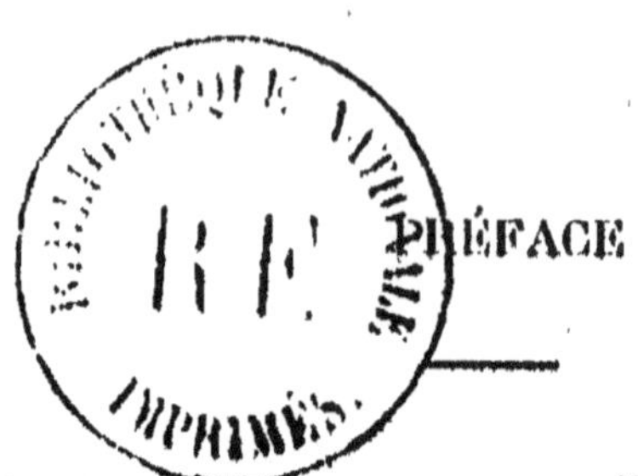

PRÉFACE

Un des premiers, nous avons, il y a bien des années, montré que nous étions, sans vouloir nous en préoccuper, possesseurs d'un vaste domaine, au-delà des mers et que nous voudrions le voir fructifier, mais sans l'occuper en personne, sans l'exploiter rationnellement. Nous attendons, sans semer, qu'il nous donne des récoltes et nous ne préparons même pas, en vue de la moisson, les moyens de transport pour amener les produits exotiques dans nos greniers métropolitains, qui en manquent à tel point que nous les achetons à l'étranger.

Voilà la situation ; Terres disponibles et fécondes, bras disponibles, capitaux disponibles. Mais ces terres restent en friche ; les bras restent inertes loin du champ et les capitaux restent dans les caves ou vont à l'étranger, pendant que nos revenus vont en diminuant.

Pour l'Etat, la Colonisation est une opération politique, maritime et militaire et, en dernier lieu, économique. Pour les citoyens, la Colonisation doit être une affaire agricole, commerciale, industrielle et sociale (1). L'Etat prépare l'entreprise. Il fournit les moyens, le terrain d'action Aux nationaux incombent la mise en valeur et l'exploitation du domaine.

Abstenons-nous de vouloir uniformiser, comme l'a en vain tenté l'Administration métropolitaine, les procédés de mise en valeur. Ils doivent varier comme varient les climats, les races et les mœurs de nos nombreuses possessions.

Il a fallu des Galliéni, des Pennequin, des Lanessan, des Trentinian, pour proclamer, après Vauban et Bugeaud, ces principes primordiaux de tout établissement colonial, susceptible de durée et de vitalité.

(1) Voir : Les Colonies et la question sociale, par M. Lemire, Challamel, Editeur, 17, rue Jacob.

Parmi ceux qui se précipitent, tête baissée, dans les œuvres de Colonisation, beaucoup échouent. Ils se disent : « Nous avons fait une école, abandonnons l'expérience. » D'où vient le mal ? Justement de ce qu'ils n'avaient pas l'expérience voulue faute de l'avoir apprise dans une école appropriée, laquelle n'existe pas.

Une Ecole de Colonat ou de Colonisation est donc tout aussi indispensable qu'une Ecole de Médecine, de Droit, d'Arts et Métiers, pour les professionnels de ces diverses carrières. Une telle vérité saute à priori aux yeux et à l'esprit et n'a pas besoin d'être démontrée.

Sterne nous a montré le voyageur romanesque, le voyageur sceptique, le voyageur aveugle, etc. Nous apprécierons ici le Colon romanesque, le Colon décavé, blasé, le Colon aventurier, etc.

Nous n'avons jamais été partisan des Ecoles d'Agriculture Coloniale en France, des Ecoles de Colonisation en France. Les langues doivent s'apprendre dans le pays où on les parle et les cultures sur le sol même où on doit les pratiquer. L'instruction générale et théorique doit être acquise au préalable en France ; mais l'instruction pratique, l'application des procédés, l'apprentissage spécial ne peuvent se faire que sur place, sur le champ même d'expérience. Ceux qui se contentent de la science appliquée en France comme préparation à la pratique aux Colonies, ne sont, dit irrévérencieusement l'auteur, que des « littérateurs coloniaux ! ». Et c'est un lettré qui parle ainsi !

Qu'il y a loin des portraits du Colon dépeints l'un par Delaunay du Dezon et l'autre par Vertan, tous deux visant le Colon algérien. C'est ce dernier qui a tracé avec réalité ce qu'est le Colon : Le Colon c'est celui qui sait créer et diriger, en mettant au besoin la main à la pâte. Ce qu'il lui faut, c'est une école d'application, c'est l'organisation et la direction d'une ferme coloniale, d'une exploitation à créer et non pas à entretenir avec les moyens métropolitains et la routine native. On procédera donc comme en pays neuf, avec les moyens locaux primitifs et non pas en commençant, là où il n'y a pas même de routes carrossables, par une machinerie perfectionnée.

Une fois la Ferme-Ecole (qu'il ne faut pas confondre avec une ferme modèle) bien organisée, on la vendrait aux enchères.

Les médecins et hygiénistes sont d'avis que les hôpitaux ne doivent avoir qu'une courte durée ; qu'une fois les expériences faites, il faut changer d'air. C'est ce qui se ferait pour ces Ecoles. L'exploitation continuerait en d'autres mains, mais les nouveaux Elèves Colons feraient leur apprentissage sur un nouveau champ d'expériences.

Une telle exploitation coûterait 70.000 francs environ, recevrait 10 élèves à 1000 francs et se revendrait cinq ans après de 80 à 100.000 francs, sa contenance étant de 250 hectares.

Voilà des entreprises qui devraient tenter des Sociétés de Colonisation, pourvues de capitaux, comme l'Union Coloniale, le Comité Dupleix, etc.

Nous savons l'échec de la ferme modèle de Ben-Chicao. Quelles en sont les causes ?

Le domaine Roudil était de 1500 hectares. Le crédit d'appropriation de 335.000 francs en 1893. La dépense totale, en 1897, fut de plus de 1.400.000 francs pour 11 candidats-Colons et 5 Colons, dirigés par un personnel coûtant 137.000 francs ! Quant aux bâtiments, ils étaient impropres à leur destination. A qui la faute de l'échec ? Aux procédés administratifs suivis avec une onéreuse incohérence et non pas aux Colons.

L'échec n'a donc rien prouvé si ce n'est notre thèse : à savoir que ces entreprises ne peuvent être créées et exploitées que par un personnel très compétent, bien préparé sur place et ayant l'expérience de la Colonisation adaptée à la région.

Nous ne sommes pas partisan des grandes Compagnies de Colonisation à charte. Nous nous sommes surtout et toujours préoccupé de la moyenne et de la petite Colonisation, de la Colonisation familiale, du peuplement.

C'est à cet élément nombreux et intéressant qu'il faut accorder les moyens nécessaires : terres peu coûteuses, outillage et semences, passages gratuits, avances remboursables à long terme. Il y a une sélection à faire, puis, des plans à dresser sur place ; enfin le crédit Colonial à constituer, des banques de prêts Coloniaux à fonder, des Syndicats professionnels et financiers Coloniaux à instituer partout. Mais, avant tout, les apprentis-Colons devraient passer par les Fermes-Ecoles aux Colonies.

De ceux qu'on a appelés des « Prolétaires intellectuels », ne peut-on faire, par ces moyens, « d'intelligents professionnels » de la Colonisation ? Les Français qui émigrent au Mexique et à La Plata, sont-ils des capitalistes ? Demandent-ils de vastes concessions ?

Autre chose est l'association de plusieurs Colons pour une entreprise et autre chose est une grande Compagnie à Charte. Toute Colonie qui veut assurer sa vitalité doit être agricole d'abord. Le développement de l'agriculture assure le peuplement. Il ne s'agit pas d'envoyer aux Colonies des troupeaux humains. Aux troupeaux de bétail, il faut assurer d'abord les pâturages. Pour l'homme, la prairie artificielle qui assurera sa subsistance sur le terrain où il doit vivre, c'est l'Ecole Professionnelle, la Ferme-Ecole Coloniale à créer partout dans nos Colonies. Ce n'est qu'à cette condition que la Colonie et le Colon trouveront de sûrs éléments de vitalité et de prospérité dans les pays neufs de leur adoption. C'est à l'État de faire son devoir en y contribuant.

CHARLES LEMIRE

AVANT-PROPOS

Dans une brillante conférence prononcée le cinq Juin 1898, à la Sorbonne, par M. Gabriel Bonvalot, fondateur du Comité Dupleix, nous lisons ce qui suit :

« Imaginez-vous un homme un peu fatigué, « ayant hérité successivement de grands domaines « situés au-delà des mers. Aussi longtemps qu'il « a la vie facile dans la Métropole et que ses « revenus sont copieux, il parle en plaisantant de « ses possessions inconnues. Mais ses revenus ne « lui suffisant plus à soutenir son train de vie, il « se demande s'il ne ferait pas bien de voir « ailleurs. Et comme on dit, il étudie la question, « il consulte les gens expérimentés. Connaissant « assez bien sa propre situation, il trouve qu'avant « d'aller là-bas, il y a fort à changer ici et puis « il se demande s'il est capable de mener à bien « sa nouvelle existence. »

La France est dans la situation de cet homme. Elle a fait comme lui de vastes héritages successifs qui constituent son domaine colonial. Et comme lui, voyant diminuer de jour en jour davantage les revenus de son patrimoine métropolitain, elle s'inquiète et s'effraie peut-être aussi d'avoir à mettre en valeur ses grandes possessions d'outre-mer.

Si nous réussissons à apporter notre modeste contribution à cette importante et passionnante étude de la colonisation, nous n'aurons pas fait œuvre inutile et nous aurons fait œuvre pratique, puisque nous envisageons ici les moyens les plus immédiatement réalisables pour mener à bien, suivant des principes rationnels, l'expérience si complexe de la vie coloniale française.

Il sera tenu compte dans la plus large mesure des difficultés soit matérielles soit climatériques propres à chacune des contrées si diverses où le colon est susceptible de chercher son établissement.

Est-il besoin d'ajouter que les excellents esprits de cette fin de siècle qui se sont donné la tâche d'éclairer d'un jour nouveau cette question d'après des données expérimentales dûment constatées, poursuivent de ce fait l'accomplissement de l'œuvre la plus patriotique qui soit, puisque les grandes batailles de l'avenir — les conflits et conventions diplomatiques nous l'attestent avec une actualité saisissante — semblent de plus en plus devoir être livrées par les peuples sur le terrain économique.

L'âpreté des compétitions étrangères nous trace donc notre devoir.

Le problème colonial varie suivant les époques ; il a d'abord consisté à explorer et à conquérir. Mais il serait absurde de le considérer comme résolu par l'acquisition et par la conquête qui en sont simplement les éléments constitutifs. Et non seulement ce serait absurde, ce serait encore antinational au premier chef, car l'héroïque pléiade de nos soldats et de nos explorateurs aurait alors dépensé en pure perte ses énergies et jusqu'à son sang pour doter la France d'un immense empire, qui lui serait évidemment inutile s'il demeurait improductif.

Ce serait donc pour une gloire inféconde qu'auraient marché les Monteils, les Mizons, les Brazzas, pour ne citer que des noms contemporains, et que dans le silence du désert seraient tombés ces intrépides qui avaient nom Ménard et Crampel ! A quoi bon alors tous les prodigieux efforts tentés à la fois en Extrême-Orient, au Soudan, au Congo, au Sénégal, partout où nous avons disputé de nouveaux continents aux appétits de l'Angleterre ?

Il s'agit donc aujourd'hui d'assurer l'emploi judicieux des vastes territoires qui ont enrichi notre patrimoine colonial. Il s'agit de rechercher, pour s'en servir, l'instrument propre à cette urgente et grande entreprise. C'est la tâche à laquelle nous allons, pour notre modeste part, tenter de contribuer.

CHAPITRE PRÉLIMINAIRE

RÉSUMÉ DE LA QUESTION COLONIALE

Le Domaine colonial de la France est considérable. Il dépasse douze millions de kilomètres carrés dont environ quinze mille sont cultivés (soit un million cinq cent mille hectares). L'abondance et la variété de ses produits, la chaleur fertilisante de ses climats, la fécondité naturelle de son sol qui contient d'immenses étendues, plaines et forêts vierges, lui assurent une richesse de premier ordre.

D'où vient que ces richesses restent en grande partie inexploitées et partant improductives?

On a dit, et c'est là une affirmation toute gratuite, que le Français n'avait pas un tempérament colonisateur. L'histoire est là pour démentir cette légende qui a vraiment fait son temps.

L'histoire nous apprend qu'au dix-huitième siècle notamment, alors que les Espagnols, les Portugais et les Hollandais ne cherchaient dans les pays nouvellement conquis qu'une source de profits matériels, et s'appliquaient à rançonner sans pitié l'indigène, les Français et les Anglais furent les seuls à comprendre la grandeur morale de l'œuvre colonisatrice.

Plus essentiellement migrateur que le Français, l'Anglais n'a cependant pas au même degré le caractère de sociabilité et de gaieté accommodante qui nous semble une des qualités les plus précieuses de notre race, bien faite pour rayonner à travers le monde et le conquérir en se l'assimilant. On sait quelle fut la prospérité des Antilles françaises au XVIIIe siècle, enviée à cette époque par leurs voisines, les Antilles anglaises. On connaît surtout les résultats vraiment merveilleux obtenus par Montcalm et Champlain au Canada et par Dupleix aux Indes. Notre colonie de Saint-Domingue en 1789 avait un commerce s'élevant à 716.715.962 livres. Tout près de nous de 1875 à 1897 on a calculé la contenance des vignobles nouvellement plantés en Algérie et on a trouvé le chiffre honorable de cent mille hectares.

Nous pourrions multiplier les exemples, ceux que nous venons de citer nous paraissent avoir leur éloquence.

Comment fut anéanti le grand et fécond effort des Montcalm et des Dupleix ? L'imprévoyance et l'impéritie du gouvernement de Louis XV nous fit perdre la plus grande partie de nos colonies et plus tard la guerre de conquêtes qu'inaugura Napoléon s'empara de toutes les forces vives de la nation et les détourna pour longtemps, en face des complications continentales, de l'œuvre colonisatrice; tandis que la marine française, éprouvée par des échecs presque irréparables, se trouvait dans un état d'absolue infériorité vis-à-vis de l'Angleterre.

En 1815, le domaine colonial Français se trouvait

réduit à 100.000 kilomètres carrés.

Mais quand on eut pansé les plaies glorieuses, mais si douloureuses des guerres impériales, l'effort recommença et fut couronné des plus magnifiques succès. Par malheur ces succès furent surtout des faits d'armes militaires, la conquête de l'Algérie le prouve surabondamment. On sut conquérir mais on ne sut pas coloniser, il en est hélas ! de même aujourd'hui, malgré de louables efforts que nous aurons à examiner dans la suite. Et pourtant, quel magnifique domaine à exploiter ! Comme il s'accroît de jour en jour et quelle progression superbe ! Faut-il énumérer, pour compléter ce trop rapide historique, les nouvelles acquisitions de la France depuis vingt ans ? Elle a successivement planté son drapeau en Tunisie, au Congo, à la Côte d'Ivoire, au Dahomey, dans le Sondan, à Tombouctou, dans la région du Haut Oubanghi, du lac Tchad. Notre riche possession de Cochinchine s'est accrue du Cambodge, de l'Annam, et du Tonkin, les Nouvelles-Hébrides ont été ajoutées à la Nouvelle-Calédonie ; et il n'y a pas quatre années que nous annexions l'île de Madagascar, dont l'étendue dépasse celle de la France de plus de 60.000 kilomètres carrés.

Nous croyons avoir démontré, l'histoire en mains, que les Français ne sont pas, par tempérament, réfractaires aux entreprises coloniales.

Après avoir écarté cette première objection de ceux qui cherchent à expliquer par des hypothèses gratuites l'émigration insuffisante de nos nationaux, il nous faut en aborder une autre non moins spécieuse, mais qu'accepte trop facilement une opinion insuffisamment éclairée.

On a prétendu que les Fonctionnaires Coloniaux se confinaient trop étroitement dans leurs attributions et qu'ils ne faisaient rien ou à peu près pour encourager le Colon et assurer sa réussite. Voilà une exagération qui provient à coup sûr de la mauvaise humeur des Colons ayant échoué dans leur entreprise et qui a été accréditée trop légèrement par des écrivains ne connaissant guère nos Colonies que de nom. De la part des Colons aigris par l'insuccès, elle nous étonne à peine. Quoi de plus humain, au lieu de s'accuser soi-même, que de rejeter sur le voisin la cause de son échec et ce voisin-là pour le Colon Français, c'est naturellement le fonctionnaire chargé de sauvegarder ses intérêts? Le Colon n'a pas envisagé, en présence de son échec, les vraies causes qui l'ont déterminé et qui sont presque toujours les mêmes; l'insuffisance de préparation à la vie coloniale et le manque de ressources principalement.

Aussi, il est une catégorie de personnes auxquelles nos représentants déconseillent de s'installer dans nos Colonies; ce sont celles qui veulent y chercher fortune, séduites par des légendes trop répandues et courent cette aventure sans avoir à leur disposition aucun des moyens nécessaires pour y réussir. Sans argent et sans crédit, ces aspirants colons voudraient du premier coup devenir de grands concessionnaires et très généralement, ils en sont réduits après une expérience plus ou moins longue à solliciter du Consul leur rapatriement.

En leur ouvrant les yeux sur des espérances chimériques, les Agents du Gouvernement ne font-ils pas leur devoir et ne servent-ils pas utilement les intérêts de leurs Nationaux? Sans aucun doute, mais leurs avis ne sont pas toujours écoutés et nombre d'émigrants ne songent pas d'ailleurs à le leur demander.

En outre, la plupart de ceux qui sollicitent leur concours pour aller aux Colonies demandent à entrer dans les carrières libérales ou dans l'Administration, au lieu de rester dans la sphère peut être moins brillante, mais plus lucrative du colonat.

On sait dans quelles proportions toujours croissantes les carrières libérales et administratives sont envahies à notre époque. Le fait est constant et nous ne nous attarderons pas à le démontrer; mais il en résulte que beaucoup de ceux qui n'ont pas réussi dans ces carrières, s'imaginent obtenir aux Colonies un résultat meilleur. Les aspirants fonctionnaires surtout sont obligés au bout d'un temps plus ou moins long de prendre un parti; mais, il y a beaucoup d'appelés et peu d'élus, les statistiques en font foi et l'on frémit en pensant que les brevets et les diplômes qui ont coûté tant d'efforts et de sacrifices, deviennent chez leurs innombrables détenteurs des paperasses inutiles, impropres à leur assurer le pain de chaque jour.

C'est en faisant allusion à ces navrantes constatations que l'honorable M. Pauliat, sénateur, a déploré en ces termes l'abus du fonctionnarisme, dans un très remarquable rapport présenté en 1897 à la tribune du Sénat.

« Dans ces conditions, dit-il, le fonctionnarisme « n'est plus un dérivatif, c'est une plaie béante « par où se sont échappées et s'échappent encore « toutes les forces vives du corps social.

« Si toutes les activités, toutes les valeurs, « tous les bons vouloirs qu'il a ainsi consommés « et neutralisés depuis près de trois quarts de « siècle avaient pu recevoir un emploi plus utile « et une destination féconde, à quel degré de « puissance économique et autres notre pays n'au-« rait-il pas été amené? »

Ce que M. Pauliat dit ici du fonctionnarisme on peut l'appliquer avec non moins de raison et d'à-propos aux carrières dites libérales.

Parmi les fonctionnaires manqués qui ne cèdent pas au découragement et ne peuvent ou ne daignent s'astreindre aux rudes besognes manuelles qu'ils ignorent d'ailleurs, il en est de nombreux qui cherchent dans les carrières libérales à utiliser leur savoir et leurs aptitudes. Autre désenchantement, non moins amer! M. Henry Bérenger a fait dans la *Revue des Revues* le triste dénombrement de cette immense armée des déclassés, professeurs sans collège, avocats et médecins sans clientèle, journalistes sans journaux, armée menaçante pour l'ordre social qui ne peut lui assurer la vie. Et ces troupes fraîches de la révolution accusent alors la société d'injustice, se liguent pour en médire et s'évertuent à la renverser. Beaucoup glissent de la misère au désespoir.

On a eu raison de le dire, et l'expression nous paraît heureuse, il y a un *prolétariat intellectuel* plus dangereux peut-être que l'autre parce qu'il souffre davantage.

Et c'est en raison de cette incroyable mais trop réelle surabondance de *ratés* du fonctionnarisme ou des carrières libérales, que la plupart des jeunes gens qui veulent aller aux colonies demandent à partir en qualité d'Agents du Gouvernement ou pour exercer là-bas des professions tout-à-fait étrangères à celle de Colon. Ils sont d'ailleurs excusables, puisqu'ils ignorent le premier mot de cette profession de Colon, qu'ils ne peuvent apprécier ce qu'ils ignorent et qu'il y aurait pour eux quelque témérité à l'entreprendre, sans méthode et sans appui.

Quel remède à cet état de choses? Nous n'avons pas la prétention de l'indiquer ici, ce serait d'ailleurs faire le procès de la question sociale et le cadre de cette étude ne s'y prête pas, mais en signalant le danger, nous pouvons donner un avertissement utile et peut-être dériver vers un but moralisateur et profitable les énergies défaillantes ou dévoyées. Ce but n'est autre que la colonisation, mais la colonisation pratiquée suivant une méthode rationnelle, et non la colonisation d'aventure et de fantaisie.

La méthode que nous préconisons pour nos Ecoles de Colons a sur beaucoup d'autres l'avantage de la clarté ; elle ne s'inspire que des données de l'expérimentation.

A l'appui de notre thèse nous ne manquerons pas de citer des exemples, nous dirons ce qu'on a tenté dans le même ordre d'idées, nous procéderons par comparaison et nous déduirons des résultats obtenus l'enseignement qu'ils comportent. Nous montrerons ce que doit être un Colon et quelles conditions il lui faut remplir pour avoir toutes chances de succès. Nous jetterons un rapide coup d'œil sur les enseignements actuellement à sa disposition et nous verrons en quoi ils sont imparfaits et comment il faudrait y remédier.

Nous démontrerons enfin que notre méthode serait un adjuvant puissant pour le développement de nos Colonies, sans recourir à des systèmes de Concessions dont l'application pourrait alarmer l'opinion publique.

Cette question est capitale ; elle est très discutée et très actuelle, nous l'analyserons avec quelques détails.

Enfin, dans notre dernier chapitre nous envisagerons l'importance des résultats que peut donner la colonisation bien comprise et bien pratiquée.

Et si ce modeste opuscule peut en quelque manière aiguiser la curiosité, décider les uns à se renseigner, les autres à se prémunir, susciter même quelque controverse et surtout déterminer quelque vocation, nous nous estimerons largement récompensés de nos efforts.

CHAPITRE PREMIER

QU'EST-CE QU'UN COLON ?

Il s'agit d'abord de s'entendre sur le mot de Colon.

Nous refusons le titre de Colons à ces hommes dont nous avons parlé précédemment, qui, sur la foi de renseignements romanesques nullement contrôlés et même exagérés par le jeu d'une imagination trop brillante dont ils sont dupes, s'embarquent pour une destination inconnue, sans ressources sérieuses. Pour ceux-là, la désillusion est cruelle. Quand ils ne meurent pas de misère, ils reviennent de ces terres promises plus dénués que jamais et le cœur plein d'amertume. Leur retour dans ces conditions ne peut que desservir aux yeux des observateurs superficiels la cause de l'émigration.

Une autre catégorie assez nombreuse de Colons qui n'a guère plus de chances de réussite que la précédente, se compose de ces jeunes gens ruinés totalement ou à demi, dont les familles veulent enrayer les folies compromettantes en les dirigeant sur les colonies. On ne leur a rien appris sur le nouveau rôle qu'ils ont à y remplir ; leur éducation technique est nulle et souvent la vie de plaisir n'a pas épargné leur santé après avoir épuisé leur bourse et les rend absolument impropres aux travaux de la colonisation. L'intempérie des saisons, la rigueur des climats inusités viennent aggraver les difficultés de leur tâche et les fièvres des pays chauds s'abattent par surcroît sur ces corps débilités.

Il n'est pas rare non plus de rencontrer aux Colonies des aventuriers sans foi ni loi, anciens repris de justice, qui, après avoir écumé le boulevard, cherchent à faire de nouvelles dupes dans les pays neufs et n'y réussissent que trop. Voilà pourtant dans la plupart de nos possessions coloniales les gens qui se parent du nom de Colons, voilà ceux qui se disent, quelquefois sans rire, les *pionniers avancés de la civilisation :* des incapables, de pauvres illusionnés, des malades et des escrocs. Sans doute il existe des Colons très capables et très honorables, mais tant qu'on s'obstinera à considérer en France le Colonat comme un pis aller et non comme une profession comparable à beaucoup et supérieure à tant d'autres, le nombre en sera très limité.

Il faudrait donc arriver à diriger vers le Colonat bien compris et rationnellement préparé non plus les fils de famille auxquels il ne reste que des bribes de leur patrimoine, qui sont usés par la vie de débauche et généralement incapables d'un sérieux et patient effort, non plus les aventuriers et les romanesques, les déclassés et les dévoyés sans ressources, mais les fils de petits propriétaires, de commerçants aisés, d'ouvriers riches, disposant du petit capital nécessaire à l'entreprise.

M. Jules Lemaître, si compétent en matière d'instruction, croit que l'enseignement dit moderne serait une utile préparation à la vie des Colonies: « Si les classes privilégiées et dirigeantes deman-« daient pour une bonne partie de leurs enfants « un enseignement qui pousse et prépare à l'ac-« tion et qui n'est pas seulement accommodé à « l'œuvre industrielle, commerciale, agricole, mais « aussi à la vie d'entreprise, de voyage, d'aven-« ture, de belle activité extérieure que doivent « rêver les jeunes gens riches et "nés" (comme « on disait jadis), les petits bourgeois suivraient « cet exemple, et nous serions sauvés. Je crois « que nous le serons si nous le voulons; je crois « que nous le voudrons. » Nous sommes d'accord avec l'éminent académicien : il s'agit seulement de vouloir, mais la routine est bien forte. Qui l'emportera de la routine ou du bon sens?

Que faudrait-il pour décider ainsi ces catégories de jeunes gens à entrer résolument dans la voie de la colonisation?

Tout simplement leur procurer les moyens de se préparer à cette profession d'une manière aussi méthodique et aussi sûre qu'on prépare actuellement les jeunes gens pour les autres professions.

En lui-même le Colonat est supérieur à bien d'autres positions en réalité plus aléatoires; nous avons parlé de l'incroyable encombrement des carrières libérales. Elles ne donnent d'ailleurs que des résultats bien incertains. Est-ce qu'un avocat, un médecin par exemple, même bien doué, mais sans fortune et sans relations, ce qui en est souvent la conséquence, est assuré de vivre de sa profession au bout de deux, trois, cinq ans d'exercice? Et cependant il lui faut suffire à son entretien, tenir son rang avec décence en attendant le client qui tarde à venir et qui peut ne venir jamais. Avec les sommes relativement importantes que son éducation et son instruction ont coûté, on aurait pu aisément mettre en réserve un capital très suffisant qui lui aurait permis de tenter avec de grandes chances de succès une entreprise aux Colonies. Mais on a peur de l'inconnu, on préfère garder à ses côtés, au sein d'une médiocrité qui touche souvent à la gêne, le jeune homme dont on était si fier, brillant élève de quelque collège où l'on a eu l'imprudence de lui promettre un magnifique avenir que dément dans la suite la plate réalité. Cette crainte de l'expatriement de leur fils est assurément une chose respectable, car un cœur de mère s'habitue mal à l'idée de la séparation, mais ne s'exagère-t-on pas beaucoup les dangers à courir et surtout les chances de retour? Si le Colon a mené à bien son entreprise, rien ne l'empêchera de la confier plus tard à ses enfants et de revenir en France jouir à son tour d'un repos bien gagné.

Et puis les communications sont devenues si rapides, même avec les pays les plus lointains, qu'on voyage d'un continent à l'autre n'est plus qu'une simple question d'argent qui ne gênera guère le colon riche. Certes nous comprenons l'amour presque religieux que tout Français porte à son pays natal et son désir bien naturel d'y revenir après fortune faite. C'est là un trait caractéristique de notre tempérament national : il nuit sans doute à l'esprit d'émigration, mais à tout prendre, il présente un avantage appréciable qui est d'unir fortement les habitants de la métropole à leurs compatriotes des Colonies. Dans nos annales, l'histoire d'une Colonie séparatiste n'existe pas et ne peut exister, à condition cependant que les Français soient en nombre suffisant pour imposer leur volonté à l'élément indigène. L'Anglais qui part sans esprit de retour n'éprouve pas au même degré ce sentiment de la patrie absente dont ses enfants pourront quelque jour secouer le joug incommode, témoin l'indépendance des Etats-Unis. Il faut donc encourager chez les Colons cet amour de la terre d'origine ; c'est un lien solide pour nos intérêts et c'est de plus un bon outil de pénétration pour nos idées.

Et maintenant que nous avons reconnu que la Colonisation pourrait devenir sous certaines conditions, une carrière véritable, offrant, au même titre que les autres carrières, des garanties normales de succès, qu'elle profiterait au bien-être de la métropole en fournissant à beaucoup l'emploi de leurs capacités intellectuelles, qu'elle ajouterait ainsi au rayonnement de son influence matérielle et morale ; maintenant que nous avons écarté comme indigne ou incapable le Colon de fantaisie et d'aventure, nous allons parler du Colon *tel qu'il devrait être*, c'est-à-dire de celui auquel la possession du capital nécessaire et une instruction appropriée permettraient de tenter avec toutes chances de réussite l'expérience de la vie Coloniale.

CHAPITRE II

MOYENS ACTUELS DE PRÉPARATION A LA VIE COLONIALE ; LEURS INCONVÉNIENTS

Il existe actuellement en France, pour former des Colons, plusieurs Ecoles d'Agriculture et Fermes-Ecoles dont le type le plus parfait est l'Ecole de Grignon. L'Ecole Coloniale est purement une pépinière de fonctionnaires et nous allons voir que l'Ecole de Grignon, elle-même, ne répond que d'une manière fort imparfaite au but dont nous parlons.

Il suffit de jeter les yeux sur son programme pour s'en rendre compte. Ce programme comprend la zoologie, la botanique, la minéralogie et la géologie agricoles ; la physique et la météorologie ; la chimie générale et agricole, l'agriculture, l'horticulture, l'arboriculture, la viticulture, la sylviculture, le génie rural, la zootechnie, l'entomologie, la sériciculture, l'apiculture, la technologie, la législation et la comptabilité rurales, etc., etc.

On ajoute, il est vrai, que cet enseignement est à la fois théorique et pratique, que des applications et des travaux pratiques sont effectués dans les laboratoires et sur le domaine de l'école et qu'on organise dans les fermes et dans les usines agricoles des excursions que dirigent les professeurs ; mais ce fatras de connaissances si variées ne nous semble guère profitable qu'aux savants ou aux Professeurs d'agriculture départementaux. La pratique est nécessairement sacrifiée à la théorie pendant ce court séjour de deux années et demie à l'Ecole. Quel avantage retirera l'élève de Grignon de savoir mesurer les volumes du parallélipipède, ou de connaître la classification des métalloïdes en familles naturelles, le jour où il se trouvera au milieu d'une nature sauvage, dans une étendue inculte de quelques centaines de kilomètres, loin d'un centre habité ; et ces connaissances lui seront-elles d'un grand secours pour résoudre le problème d'une installation rurale à établir et d'un défrichement à entreprendre ?

L'expérience a d'ailleurs été faite à plusieurs reprises, au grand dommage des propriétaires coloniaux qui ont chargé des élèves de Grignon d'une exploitation agricole. Ils sont parfaitement capables de fournir de savants rapports sur la nature du terrain, sur l'adaptation au sol de tel élevage ou de telle culture, mais les résultats sont généralement désastreux pour la bourse des propriétaires.

Il y a lieu de faire remarquer, du reste, que neuf fois sur dix, l'élève de Grignon s'accommode très mal de l'installation rurale forcément sommaire, de la nourriture peu variée, de l'isolement nouveau pour lui et des autres conditions de l'existence coloniale. Au bout de quelque mois de ce régime, il n'aspire plus qu'à rentrer en France, dans l'espoir d'être nanti d'une chaire d'Agriculture, où il pourra paisiblement enseigner ses théories et jouir de la parfaite quiétude de l'homme que ne peut atteindre la moindre responsabilité.

Il est d'ailleurs impossible d'assimiler les méthodes de culture qu'on enseigne à Grignon où l'on raisonne sur les ressources d'un sol et l'influence d'un climat parfaitement connus, où l'on dispose d'un outillage agricole très perfectionné, aux méthodes de culture qui conviennent à tel ou tel domaine des Colonies. Là, il faut tout : apprendre les mœurs du pays, le rendement du terrain, les conditions climatériques ; il faut tout créer : l'installation, le matériel rural, les voies de communication. Un théoricien pur, qui n'est pas initié à ces connaissances indispensables, n'est pas en droit de compter sur le succès, quelque intelligent et instruit qu'il soit.

Mais, si les Ecoles d'Agriculture sont insuffisantes à former des Colons, que dire de celui qui, sans aucune préparation technique, s'improvise agriculteur aux Colonies ? Celui-là n'est généralement muni que des renseignements fournis par ce qu'on peut appeler *« la littérature coloniale »*. Malgré toute la conscience apportée à la confection des brochures et manuels innombrables qui traitent de la culture dans chacune de nos Colonies, malgré le talent et quelquefois même à cause du talent de l'auteur, il advient que le lecteur prend tout à la lettre, et ne voit que les bénéfices de la vie coloniale étalés avec tant de complaisance qu'ils lui font perdre la notion de ses dangers et de ses échecs. Il lit et se persuade immédiatement que telle Colonie offre à l'exploitation des concessions immenses et d'un prix insignifiant, que telle culture rapporte infailliblement mille francs à l'hectare, que le climat est délicieux, la terre incroyablement fertile, les indigènes parfaitement honnêtes et inoffensifs. Il se laisse prendre au charme d'un style enchanteur en lisant des descriptions dans le sens de celle-ci : « C'est la « région de la culture des fleurs aromatiques, des « orangers, mandariniers, fruits exquis de toutes « les latitudes, primeurs si impatiemment attendues « des gourmets, des splendides villas, des jardins « anglais ; la région qui appelle l'oisif, l'étranger, « le malade et qui offre à tous, riches ou pauvres, « confort, bien-être, luxe, distractions de toutes « sortes, depuis les vegliones italiens jusqu'à « l'opéra parisien, en passant par les concerts « militaires et orphéoniques, les bals, les raouts, « les Rallye-Papers, les sports de toute nature, « sans compter la joie de vivre et les forces nou- « velles puisées dans ses effluves marines, dans « ses brises embaumées et dans la sérénité de « son ciel toujours pur. (1) »

C'est incontestablement bien écrit, mais quand le futur colon, parti de France en se berçant de ce doux rêve d'un nouvel Eden, débarquera dans cette terre promise, il se trouvera en face de la

(1) Manuel du futur Colon en Algérie, par Delaunay du Dezen.

réalité toute nue. La réalité ce sera pour lui un ciel de feu, une installation défectueuse, une vie de privations, ce sera d'être volé par les indigènes, exploité par les chevaliers d'industrie, qui, à titre de compatriotes, ne lui inspireront aucune méfiance ; ce sera surtout d'engager tous ses capitaux dans une de ces cultures, qui promettent tant, mais dont l'échéance est si lointaine, qu'il se trouve ruiné avant d'avoir commencé à récolter. Alors il rassemblera les dernières bribes de son avoir pour reprendre tristement le chemin de la France, d'autant plus désillusionné, qu'il s'était fait à son départ un plus brillant tableau de ce séjour enchanteur.

Eh bien ! c'est à ce moment-là, après trois ou quatre années de travail et d'expérience personnelle acquise, qu'il serait vraiment apte à faire un Colon. S'il disposait alors d'un nouveau capital, il ne retomberait plus dans ses anciens errements et il ne se laisserait plus exploiter par les indigènes, les tâcherons, les entrepreneurs ; il ne risquerait plus tout son avoir dans une seule culture, plantation de vigne ou de café, dont le rendement est long et peut être anéanti brusquement par quelque cyclone ou quelque maladie épidémique, il se précautionnerait contre les intempéries et l'isolement, il se créerait des ressources précieuses, telles que bétail, basse-cour, etc. ..., il ne négligerait plus les cultures à rendement annuel, en un mot il s'assurerait la vie matérielle en attendant la récolte qui serait pour lui la fortune.

Cette dure expérience peut être évitée au futur

Colon, si on lui donne les moyens de s'instruire et de constater par lui-même les ressources du pays qu'il a choisi pour s'établir.

Voilà la véritable instruction professionnelle.

On connaît les excellents résultats que donnent les Ecoles Professionnelles en France, où les jeunes gens qui se destinent aux métiers manuels apprennent la technique de ces métiers. Et c'est l'honneur de la République d'avoir doté la France, non seulement de l'instruction primaire qui fait des citoyens éclairés, mais aussi de cette instruction si pratique qui fait de bons artisans.

Il existe, en effet, une notable différence entre l'enseignement de ces Ecoles Professionnelles et celui des Ecoles d'Agriculture. On dirait que celles-ci tiennent exclusivement à former des théoriciens, capables sans aucun doute de professer leurs méthodes *« ex Cathedra »*, mais qu'elles ne songent pas à en faire des agriculteurs vraiment agissants et pratiques. Celles-là, au contraire, s'appliquent principalement à faire de leurs élèves d'excellents et d'utiles travailleurs.

Nous citerons, par exemple, l'Ecole Nationale d'industrie laitière de Mamirolle (Doubs), école d'apprentissage et de perfectionnement qui a pour mission de former des ouvriers habiles, très recherchés par les fruitiers et les laitiers, et surtout l'École Nationale d'Horticulture, qui fonctionne au potager de Versailles, sous la direction des jardiniers principaux; l'instruction pratique y est donnée par le directeur et les jardiniers, *tous les travaux sont demandés à la main-d'œuvre des Elèves.*

Les résultats de ce système sont tellement appréciés, que les élèves, à leur sortie, trouvent des positions avantageuses, tant dans les établissements d'intérêt public et d'enseignement technique que dans les établissements horticoles d'intérêt privé, ainsi que dans des propriétés particulières. Un certain nombre d'entre eux s'établissent pour leur propre compte et l'Ecole d'Horticulture de Versailles ne peut suffire aux demandes de jardiniers qui lui sont adressées.

Ces principes, ainsi que nous allons le voir, sont également applicables à l'apprenti Colon.

Il faut, selon nous, qu'un maître expérimenté lui enseigne, sur place, les connaissances appropriées à sa future profession, et lui fasse exécuter, sous sa direction, les divers travaux qu'il devra plus tard exécuter seul, dans le même cadre et dans des conditions identiques.

CHAPITRE III

DES ÉCOLES DE COLONS

L'Ecole Professionnelle du Colon ne fera de bons élèves qu'à la condition d'être située dans le pays même qu'il s'agit de mettre en valeur. Ce principe posé, traçons à grandes lignes le programme de notre école. Il doit à notre sens, être basé sur les données générales suivantes :

I. Exploitation d'un domaine par un nombre d'élèves proportionné à son importance, sous la direction d'un professeur et avec l'aide d'un certain nombre de domestiques et ouvriers agricoles ; construction des bâtiments et installation du matériel rural suivant le type d'une véritable ferme de Colon et non d'une ferme modèle.

II. Défrichement, irrigation, plantations et travaux similaires par les soins des élèves.

III. Achat par les élèves du bétail, des semences, fourrages et de toutes subsistances nécessaires à l'exploitation ; vente par eux des produits dans les marchés voisins.

IV. Surveillance générale et comptabilité de l'exploitation confiée à tour de rôle aux élèves.

V. Vente aux enchères publiques du domaine au bout de 3 à 6 années d'exploitation.

Ce programme, dont les parties essentielles diffèrent radicalement des systèmes en vigueur, doit être développé point par point, afin de permettre au lecteur d'en apprécier le côté pratique au point de vue du résultat. Nous ne pouvons entrer dans tous les détails, mais nous allons, aussi clairement que possible essayer cette démonstration.

Nous disons en premier lieu :

I. Exploitation d'un domaine par un nombre d'élèves proportionné à son importance, sous la direction d'un professeur et avec l'aide d'un certain nombre de domestiques et ouvriers agricoles ; construction des bâtiments et installation du matériel rural suivant le type d'une véritable ferme de Colon et non d'une ferme modèle.

Il est tout d'abord évident qu'il faut envisager la contenance de l'exploitation afin d'avoir des Elèves-Colons en nombre suffisant pour en tirer profit, sans toutefois les enfermer dans des limites trop étroites. Il ne peut y avoir en cette matière de règle absolue ; les difficultés de culture variant d'un pays à l'autre, on devra en tenir largement compte dans l'évaluation de la portion de terrain à attribuer à chacun.

Nous verrons à propos d'une application récente que cette évaluation est très importante à établir. D'une façon générale un domaine de cent à cinq cents hectares pourrait être utilement exploité par dix à vingt Elèves-Colons, aidés pour la grosse main-d'œuvre par quelques ouvriers et dirigés par un professeur. Le rôle de celui-ci ne se bornerait pas au seul enseignement et à la seule direction technique. Un professeur, si éclairé soit-il, qui ne serait pas doublé d'un bon administrateur, ne saurait être qualifié pour mener à bien l'entreprise. Avant de professer, il faudra qu'il administre. Il fixera le chiffre du crédit nécessaire à la construction des bâtiments, il en étudiera l'aménagement, il calculera leur importance d'après les besoins et les ressources du pays, il surveillera l'installation du matériel rural. Son enseignement devra forcément embrasser les préoccupations immédiates de la vie, les notions d'hygiène particulières à chaque région, les mille détails que feront naître à chaque instant les difficultés journalières de l'application de ses théories.

Tel système, qui serait applaudi autour d'une chaire d'agriculture, devra être rejeté par lui, s'il estime qu'on ne peut l'utiliser à bon compte, ou qu'il n'est pas susceptible de s'adapter à la nature du sol ou du climat. En ce qui concerne la construction des bâtiments, le Professeur ne prendra pas pour types ces monuments coûteux et même ruineux qui semblent faits en vue de défier les siècles, après examen par les pouvoirs publics de projets et contre-projets n'aboutissant la plupart du temps qu'à des modifications reconnues nécessaires et plus dispendieuses encore quand l'œuvre est en cours d'exécution.

Le résultat le plus clair de ces pompeuses

conceptions architecturales se traduit presque uniquement par la réalisation de bénéfices considérables dans la caisse des Entrepreneurs. En fondant sa ferme-école, il s'efforcera au contraire de lui donner les proportions de l'aménagement d'une ferme de Colon aisé, pourvue de tout le nécessaire, mais dont le superflu est banni ; on ne manquera pas de profiter des perfectionnements de l'outillage agricole, mais on en usera avec discernement et surtout on ne tentera pas de rivaliser avec ce genre d'établissement appelé ferme-modèle où il est d'usage d'expérimenter à grands frais les nouveaux procédés de culture et les machines agricoles les plus compliquées.

Les bâtiments d'exploitation devront suffire à assurer le logement des élèves, mais ce serait un luxe bien inutile d'y aménager de vastes salles de conférences, comme il s'en rencontre dans les écoles de l'Etat.

On éviterait surtout ce qui se passe dans la plupart des fermes-écoles, où l'on est trop enclin à sacrifier l'intérêt capital de la culture à une vaine parade et où l'on néglige trop fréquemment des travaux d'exploitation pour se tenir prêts à la visite, attendue d'un moment à l'autre, de l'Inspecteur du Gouvernement.

Dès lors, les *produits phénomènes*, dont tirent vanité les cultivateurs dans les comices agricoles régionaux, n'occuperaient plus toute l'attention ; on s'inquiéterait avant tout du prix de revient de ces produits et l'on n'entreprendrait plus, en fait de culture ou d'élevage, que ceux qui seraient susceptibles d'un rapport réel et pratiquement réalisable. Les élèves se trouveront de la sorte tout naturellement amenés à la conception vraiment utile et féconde de leur rôle d'agriculteurs.

Dès l'entrée des élèves et à leur sortie, on aura soin de leur expliquer les avantages de telle ou telle disposition adoptée dans la construction de la ferme et on les mettra en mesure de calculer par eux-mêmes l'importance des proportions à observer suivant la contenance du domaine dont ils auront plus tard, en propre, l'exploitation.

II. Défrichement, irrigation, plantations et travaux similaires par les soins des élèves.

Nous ne voulons pas dire par là que nous mettrons les élèves aux prises avec les broussailles et les racines qui pourraient obstruer le terrain et que nous les astreindrons, la pioche en main, à faire ce gros travail assurément très pénible et qui ne demande qu'une grande dépense musculaire sans profit pour l'intelligence.

Cette œuvre préparatoire du défrichement sera la tâche des ouvriers ruraux recrutés par les élèves et qui travailleront sous leur surveillance. Mais il nous semble nécessaire, une fois ces travaux accomplis, de confier la charrue et tous les instruments agricoles aux mains des élèves, afin qu'ils apprennent à s'en servir et soient capables plus tard de diriger leurs domestiques. Chacun d'eux devra donc labourer lui-même et ensemencer la portion de terrain qui lui aura été assignée. Dans les pays de grande sécheresse, ils devront principalement s'efforcer de pratiquer l'irrigation suivant la méthode enseignée par le Professeur. Ils ne risqueront guère de se tromper dans le choix des semences et des plantations puisqu'ils suivront en cela les indications de leur Maître qui le leur prescrira d'après la nature du sol et les conditions climatériques.

De la sorte, on ne sera plus exposé par exemple à construire des caves dans une contrée impropre à la culture de la vigne ou à faire au hasard des plantations de caféiers sur un sol où ils ne peuvent venir à maturité. Le classement des élèves aura lieu d'après les résultats obtenus par chacun d'eux et celui qui sortira le premier de l'école, ne sera plus seulement un sujet de mémoire excellente, sachant rédiger un rapport net et bien déduit avec les formules de rigueur. Ce sera encore et surtout l'élève qui aura été reconnu le plus habile à mettre en pratique les principes généraux de culture et d'économie rurale, qui saura le mieux expliquer et appliquer sa méthode et qui aura le plus intelligemment approprié ses connaissances aux conditions spéciales qui lui auront été faites ; une récolte bien venue, un terrain dont l'élève aura su tirer parti, ne lui demandant pas au-delà de ce qu'il peut produire, seront ses meilleurs titres aux yeux du Professeur.

III. Achat par les élèves du bétail, des semences, fourrages et de toutes subsistances nécessaires à l'exploitation ; vente par eux des produits dans les marchés voisins.

Voilà, suivant nous, un point essentiel du système que nous préconisons. On sait que l'élevage du bétail est une des grandes ressources du Colon dans tous les pays ; c'est même généralement la première de ses ressources et la plus certaine.

En présence de terrains non défrichés, on commence, afin de ne pas perdre de temps, par utiliser les pacages pour la nourriture des troupeaux.

La viande des animaux, la laine, le lait sont d'un précieux secours au Colon et lui permettent d'attendre les bénéfices, plus considérables peut-être, mais moins assurés et, en tous cas, beaucoup plus lointains de la récolte. Or, comment se livrer à l'élevage du bétail, comment savoir acheter à bon marché et revendre de même si l'on a pas eu l'occasion de traiter personnellement l'achat et la vente ?

Ce que nous disons du bétail s'applique également à l'achat et à la vente des semences, fourrages, etc..... Les Elèves-Colons devront donc s'initier à toutes les transactions de ce genre : en nouant des relations avec les indigènes, ils apprendront d'ailleurs à les mieux connaître, ils pénétreront leurs habitudes commerciales, ils sauront la meilleure façon de conclure une affaire avec eux.

L'indigène, en effet, considère généralement le Colon comme un intrus et un spoliateur. Il n'ose pas sans doute le combattre en face, mais il saisit d'ordinaire toutes les occasions qui se présentent de tromper sa confiance et d'exploiter son inexpérience des usages et des ressources du pays.

La soumission de l'indigène vis-à-vis du fonctionnaire n'est en général qu'une apparence ; l'indigène le craint et le flatte parce que celui-ci représente l'autorité appuyée sur la force, mais il ne peut oublier que cette autorité lui vient de la conquête et surtout que sa religion lui ordonne de considérer tous les étrangers comme des ennemis ; et c'est pour lui une espèce de revanche que de susciter aux Colons qu'il fréquente journellement toutes les difficultés imaginables pour entraver leur action. C'est ce que font notamment les Arabes en Algérie et en Tunisie. Le développement des échanges et des trafics commerciaux est de nature à améliorer ces relations ; il peut constituer un lien de camaraderie et de confiance mutuelle entre ces indigènes et ces Colons de race et de religion si différentes.

Les marchés du voisinage, les petits centres que les Elèves auront à visiter leur donneront l'exacte image de la vie de ces hommes chez lesquels ils viennent s'établir. Et plus tard, ces relations qui auront le trafic pour origine, pourront porter leurs fruits ; quand l'élève sera devenu Colon, il retrouvera avec plaisir et profit des visages connus, il comptera peut-être des amis parmi ces marchands et ces cultivateurs indigènes ; et c'est une considération qui a sa valeur, surtout dans ces grandes solitudes que sont presque toujours les pays coloniaux.

IV. Surveillance générale et comptabilité de l'exploitation confiée à tour de rôle aux élèves.

Il ne s'agit pas ici, on le devine, de déposséder, serait-ce temporairement, le Professeur de ses fonctions de contrôle et de direction générale. Cette direction doit rester une, pour la bonne marche de l'exploitation. Mais il faut remettre à chaque élève, à tour de rôle, la sous-direction ou surveillance de la ferme. Il devra veiller à la bonne tenue du matériel, aux détails de l'approvisionnement, au fonctionnement régulier de tous les services. De la sorte, il verra dans son ensemble et d'un coup d'œil, l'œuvre à laquelle il a coopéré pour une partie seulement ; il aura le sentiment de sa responsabilité de chef d'entreprise et il en prendra tout naturellement les habitudes ; il saura commander, surveiller, donner les avis nécessaires, encourager les bons travailleurs et les réprimander à l'occasion.

Il se rendra compte aussi de la différence qui existe entre une entreprise agricole aux Colonies et une entreprise similaire en France, où l'on a tout à sa portée et où l'on peut sans danger se livrer à la *monoculture*.

Aux Colonies, il en va tout autrement L'exploitation doit donc, autant que possible, être *auto-productive*, c'est-à-dire qu'elle doit se suffire à elle-même.

Ainsi, il faudrait, par exemple, habituer les Colons à proportionner leur bétail aux fourrages dont ils disposent et à se pourvoir en temps utile des ressources alimentaires nécessaires à l'entretien du personnel de la ferme, qui devra être recruté à l'avance, en prévision des travaux de toute nature d'où peut dépendre le succès final de l'entreprise.

L'Elève faisant les fonctions de Sous-Directeur aura à se préoccuper de tous les besoins de la ferme ; il apprendra par ce moyen, la prévoyance et ce sera la meilleure sauvegarde de ses intérêts futurs.

On pourrait établir entre les Elèves un roulement analogue à celui qui est en vigueur dans nos régiments. Chacun d'eux prendrait à tour de rôle la semaine, et l'émulation ne manquerait pas de leur faire prendre leur tâche à cœur. La comptabilité générale serait également une de leurs principales attributions. Cette comptabilité, soigneusement tenue, résumerait pour eux les résultats acquis ; ils y pourraient lire le coût des subsistances, de la main-d'œuvre, le rapport de chaque espèce de culture, le rendement de l'élevage ; ils y verraient quelles avances de fonds sont nécessaires pour telle production et pour telle contenance à mettre en valeur, et ils pourraient aisément calculer le laps de temps indispensable pour rentrer dans ces débours. C'est à quoi les débutants ne prennent pas assez garde pour la plupart ; on cite notamment, en Algérie et en Tunisie, quantité de propriétaires riches qui se sont ruinés parce qu'ils ont entrepris de trop vastes cultures à long rendement.

Ainsi la culture de la vigne entraîne des frais importants : pour n'avoir point calculé assez exactement l'époque de la récolte et ne s'être pas assuré en attendant des ressources suffisantes dans l'élevage du bétail et les cultures à rendement annuel, beaucoup se sont trouvés dépourvus et ont dû renoncer à leurs espérances.

On les avait cependant prévenus du danger, mais rien ne vaut l'expérience personnelle pour se prémunir contre lui. Si ces propriétaires imprudents avaient pu mesurer par des chiffres précis le coût de leur entreprise, nul doute qu'ils eussent mieux pris leurs mesures pour en assurer la réussite.

Cette simple faute d'arithmétique qui peut entraîner à de si désastreuses conséquences, les Elèves-Colons ne la commettront pas en consultant avec attention leurs livres de comptabilité.

V. Vente aux enchères publiques du domaine au bout de 8 à 6 années d'exploitation.

Nous arrivons à la cinquième et dernière partie du programme général que nous essayons de tracer. On s'étonnera peut-être que nous soyons d'avis de vendre aux enchères cette Ferme-Ecole dont la construction, la mise en valeur auront exigé tant d'efforts et qui serait toute organisée pour recevoir de nouveaux élèves.

Nous conseillons cependant cette vente parce que d'abord elle sera généralement rémunératrice et qu'ensuite elle aura l'avantage de préserver de la routine, en permettant de recommencer plus loin une nouvelle exploitation, sur des terrains non défrichés. Or, comme notre système ne peut évidemment être applicable dans des contrées absolument désertes ou isolées, ce nouvel essai serait un jalon de plus qui implanterait l'action colonisatrice dans les terres inexploitées.

Enfin cette vente constituerait le couronnement naturel de l'entreprise et deviendrait la meilleure des bases pour les futures expériences. L'acquéreur de la ferme serait peut-être souvent l'un des Elèves-Colons qui se trouverait ainsi tout installé dans une exploitation qu'il connaîtrait parfaitement, dont il pourrait évaluer les ressources et apprécier le rendement. Pour nous faire une idée du chiffre des dépenses à effectuer et de celui que pourrait normalement atteindre la vente, supposons un domaine de 250 hectares dont un Professeur et dix Elèves-Colons entreprennent la mise en valeur.

Si le terrain est en friche il faudrait dépenser environ 100 francs l'hectare pour le défricher soit 25.000 francs. S'il est en bon état, il coûtera à peu près cette somme d'acquisition ; on peut évaluer que 25.000 à 35.000 francs suffiront largement à la construction des bâtiments et dépendances de la ferme ; en prenant le chiffre le plus élevé nous calculons pour les premiers frais entre 50 et 60.000 francs. Ajoutez à cela le prix d'achat du bétail, des fourrages, semences, etc., etc., vous ne dépasserez pas 70 à 80.000 francs.

Il est impossible, dans cet exemple, de prévoir toutes les dépenses dans leur infini détail. On comprendra de même que nos évaluations n'ont rien d'absolu, le prix du terrain et de la main-d'œuvre n'étant pas le même à Madagascar qu'en Algérie, dans telle Colonie que dans telle autre, mais ceux qui connaissent la vie coloniale se rendront compte que nous avons fixé le prix du terrain et tous les autres frais plutôt au-dessus de leur valeur.

En admettant comme il est d'usage dans les établissements d'Agriculture similaires, que chaque élève paye annuellement uno somme de 1000 francs, nous trouvons une rente de 10.000 francs dont profitera l'exploitation. Nous estimons entre 20 et 25.000 francs le montant annuel des frais de cette exploitation ; si nous défalquons les 10.000 francs annuels il restera un déficit de 10 à 15.000 francs qui sera certainement couvert et au-delà au bout de deux années par le rendement des cultures et celui de l'élevage. En mettant les choses au pis, nous sommes donc en face d'un déficit de 20.000 à 30.000 francs après la deuxième année. Il peut être aisément comblé pendant les années suivantes et même on peut prévoir qu'au bout de quatre ou cinq ans, les cultures à long rendement ayant bien réussi, la production donnera des bénéfices importants qui peuvent atteindre le double des frais d'exploitation. La ferme aura dès lors acquis une valeur incontestable, bien supérieure aux 50 à 60.000 francs qu'elle aura coûté ; ses méthodes de culture seront connues dans le pays et appréciées des indigènes qui en auront constaté les résultats. L'écoulement de ses produits sera devenu facile et, dans ces conditions, la vente aux enchères atteindra presque toujours un prix rémunérateur. Comment un domaine rapportant de 15 à 20.000 francs de revenus nets ne trouverait-il pas acquéreur pour un prix supérieur à 100.000 francs?

Il est possible cependant que certaines de ces opérations mal conduites ou placées dans des conditions défavorables se soldent en fin de compte par un déficit, mais ce déficit ne pourrait être que de minime importance et il se trouverait largement compensé par les bénéfices qu'on ne peut manquer de tirer des entreprises similaires. Dans cette hypothèse même, peu probable nous le répétons, les Elèves-Colons n'auront pas travaillé en pure perte. Les difficultés et les fautes de l'exploitation les auront aguerris pour leurs entreprises à venir ; ils sauront comment *il ne faut pas faire* et ils n'en seront pas moins initiés au fonctionnement général et intime d'une entreprise rurale, aux transactions qu'elle comporte, à la tenue de la comptabilité, à la connaissance des ressources et des besoins du pays

Il nous reste à parler, avant de clore ce chapitre, des conditions d'admission et du réglement de l'Ecole et à compléter ce que nous avons dit au sujet du Professeur-Directeur.

Le recrutement de notre Ecole de Colons serait à notre avis, des plus faciles. On n'exigerait des candidats aucune connaissance spéciale, mais simplement une sérieuse instruction primaire. Savoir lire, écrire, et compter correctement, voilà des connaissances indispensables mais qui nous paraissent très suffisantes pour servir de bases à l'instruction professionnelle.

L'Ecole ne serait pas instituée pour élever des enfants, mais pour recevoir des jeunes gens adultes, capables de travailler manuellement.

La limite d'âge *minima* nous paraît donc devoir être fixée à 16 ans environ. Nous ne parlerons pas d'une limite *maxima*, qui devrait être laissée à l'appréciation du Directeur suivant les circonstances. Le réglement intérieur de la Ferme-Ecole serait établi par le Professeur qui aurait charge d'en surveiller l'application. Il ne saurait être question d'y introduire ces prescriptions compliquées et minutieuses qui sont employées dans certains établissements ; plusieurs de ces prescriptions sont d'ailleurs quelque peu vexatoires et présenteraient le grave inconvénient de rendre peu attrayante à l'Elève-Colon sa nouvelle existence (telle la prescription du silence) ; on devrait donc s'en tenir strictement aux règles nécessaires au bon fonctionnement de l'Ecole. Le lever, le coucher, les repas seraient seuls l'objet d'une réglementation en harmonie avec les exigences et les habitudes locales.

Nous avons dit au début de ce chapitre que le Professeur qui aura la direction de l'Ecole devra posséder en sus de ses connaissances techniques des qualités sérieuses d'administrateur.

Le succès ne sera obtenu qu'à ce prix, c'est certain ; mais pour permettre à ce professeur d'administrer sagement et utilement, ne faut-il pas lui laisser une grande initiative ? Sans aucun doute, à notre sens ; à condition cependant de lui donner pour limite une plus grande responsabilité ; nous savons bien qu'en certains cas cette initiative n'ira pas sans quelque danger, mais, pour un Professeur incapable ou téméraire, il s'en trouvera dix qui sauront mettre à profit cette initiative, si on a soin de bien les choisir parmi les hommes compétents et expérimentés.

Il suffit, pour s'en convaincre, de constater les résultats obtenus par certains Fonctionnaires coloniaux que la nature de leurs attributions a dégagés de la routine administrative.

Ainsi en Tunisie, pays de protectorat, il existe des Contrôleurs civils dont la situation est analogue à celle de nos Préfets.

Ils sont censés n'exercer qu'une autorité de contrôle sur les actes des fonctionnaires indigènes, mais en réalité ils ont été placés là pour avoir la haute main sur tous les services administratifs de leurs districts On leur laisse dans leur sphère d'action respective une très large initiative et ils n'en usent que pour étendre et renforcer l'influence française et pour servir les intérêts de leurs nationaux.

Un exemple bien frappant que nous citerons en passant, nous est fourni par la ville de Béja.

Le pays environnant avait récemment encore une réputation d'insalubrité telle que les Européens ne songeaient pas à s'y établir, malgré la fertilité incontestable du sol. Il y a environ quatre ans un Contrôleur civil, M. Klepper, en venant prendre possession de son poste, ne trouva à Béja que un ou deux Colons français. Depuis cette époque, grâce au zèle éclairé et à l'activité infatigable de ce Fonctionnaire, une vingtaine de Colons ont entrepris dans cette région des exploitations importantes et une petite ville française s'élève déjà à côté de la ville arabe. Voilà un résultat vraiment prodigieux pour un laps de temps aussi court; il montre mieux que toutes les théories quels miracles on peut attendre de l'esprit d'initiative uni à l'expérience et au dévouement.

On n'hésitera donc pas à laisser au Directeur toute la latitude nécessaire à ces sortes d'entreprises, qu'il soit un Fonctionnaire au service de l'Etat ou qu'il soit l'agent d'une société particulière de colonisation. Dans tous les cas, l'Etat a le devoir d'encourager les efforts de ses nationaux, pour tirer parti de son domaine colonial.

Nous étudierons plus loin les différents systèmes de Concessions, mais nous pouvons dès maintenant émettre le vœu que l'Etat (et c'est le moins qu'il puisse faire) concède gratuitement, en les prenant sur ses terres domaniales, les terrains propres à l'établissement de qui voudrait tenter des Ecoles de Colons.

Nous voudrions mieux encore. Si l'Etat ne se décide pas à les entreprendre à son compte, il pourrait du moins leur accorder des subventions, qui, bien employées, assureraient leur développement progressif. Que seraient, nous le demandons, ces dépenses si fructueuses pour l'avenir, en comparaison des sommes considérables inscrites chaque année au budget des Colonies et qui se chiffrent actuellement par 150 millions, dont une cinquantaine est affectée à la seule Algérie?

CHAPITRE IV

ESSAIS TENTÉS DANS LE MÊME BUT
L'ÉCOLE ET LA COLONIE DE BEN-CHICAO

A propos du rôle que pourrait jouer l'Etat en tant qu'entrepreneur des organisations coloniales, il nous semble intéressant de parler d'une entreprise créée ces dernières années par le Département de la Seine sur les propriétés de l'Assistance publique en Algérie.

Si nous choisissons cet exemple, c'est qu'il a le mérite d'être tout récent, qu'on s'en est beaucoup occupé au Conseil Général de la Seine et à l'Assistance publique et qu'il renferme enfin tous les éléments constitutifs d'une sérieuse tentative coloniale. Ce cas particulier est donc, à notre avis, d'un intérêt très général, puisque des situations analogues peuvent déterminer les mêmes fautes et que leur constatation nous préservera de les commettre à nouveau. Nous allons voir pourquoi des efforts et des sacrifices considérables ne furent pas récompensés par les résultats qu'on était en droit d'espérer, et comment un système administratif défectueux entrava le développement normal de la Colonie.

Au mois de Décembre 1882, M. le Docteur Thulié présentait au Conseil Général de la Seine un rapport sur la création en Algérie d'une Ferme-Ecole destinée à recevoir ceux des enfants de l'Assistance publique que leurs dispositions agricoles, aussi bien que leur développement physique, rendraient aptes à devenir des Colons et à bénéficier de concessions de terres qui leur permettraient, tout en se créant sur le sol algérien une situation sociale, un foyer, une petite fortune, de contribuer au développement de notre belle Colonie Algérienne.

On connaît l'esprit hautement philanthropique et résolument progressiste du Conseil Général de la Seine ; pareille proposition ne pouvait donc y rencontrer qu'un très favorable accueil.

Un rapport de MM. Yves Guyot et Curé, Conseillers Généraux, approuva les conclusions du Docteur Thulié, et l'Etat; par une loi en date du 27 Avril 1886, concéda au département de la Seine, dans les provinces d'Alger et de Constantine, deux domaines d'une contenance totale de 3.266 hectares, à charge pour ce dernier d'établir une Ferme-Ecole sur une des concessions ou tout autre partie du territoire Algérien.

Les choses en étaient là, quand M. l'Abbé Roudil, ancien aumônier militaire et propriétaire en Algérie, légua en mourant au Département de la Seine un domaine de 1500 hectares environ, situé sur le plateau de Médéah, à charge d'y établir une Ferme-Ecole dans un délai déterminé. Ce legs fut accepté par le Conseil général en 1887.

Comme suite à cette acceptation, l'administration

présentait en 1888 des plans et devis pour la construction de la Ferme-Ecole sur le territoire de Ben-Chicao. Tout allait bien jusque-là, puisqu'il ne s'agissait que de projets, mais dès qu'il fallut passer à la réalisation, on dut en rabattre tout en élevant les crédits prévus ; c'est ainsi que le Conseil Général, ayant envoyé une délégation pour étudier le projet sur place et mettre fin à des tergiversations qui duraient depuis plus d'une année, vota une augmentation de 57.000 francs qui portait à 335.000 francs environ les crédits demandés. Les travaux avaient été confiés à M. Massot, architecte du pénitencier de Berrouaghia, on s'était mis résolument à l'œuvre et tout semblait devoir marcher sans interruption, lorsque, par suite de modifications rendues nécessaires par la nature du sol, tout avait été remis en question.

Cet exemple montre bien que les rapports administratifs ne sauraient tout prévoir et que le luxe des détails leur fait parfois oublier l'essentiel. On dut faire aussi d'assez lourds sacrifices pour attirer les Colons, moins empressés qu'on l'aurait cru à se rendre en Algérie. Non-seulement l'Assistance Publique dut leur promettre, après la durée de séjour réglementaire dans l'Ecole, la concession d'un petit domaine et les avances nécessaires pour leur permettre de parer aux premières difficultés d'exploitation, mais on alla jusqu'à leur assurer un salaire de 150 francs pour la première année, 200 francs pour la seconde et 250 francs pour la troisième.

On voulut enfin créer des centres de colonisation

afin de grouper les colons inexpérimentés au début, et de les unir par une plus étroite solidarité. On conçut même le projet d'une école du même genre que celle des garçons destinée à recevoir des filles, en laissant entendre que les élèves des deux écoles seraient tout naturellement destinés à contracter mariage, ce qui serait le meilleur moyen de peupler la Colonie. Enfin, comme il fallait des maisons pour recevoir les futurs époux et leur future famille, on fonda le village de Bassour, situé à 2 kilomètres de la Ferme-Ecole. « Un projet de village, disait M. « Patenne en 1895, (1), dressé par l'architecte de « l'Administration, fut voté par le Conseil Général « dans sa séance du 27 Décembre 1893. Il « comportait la construction de quatre maisons « doubles affectées chacune au logement de deux « ménages ; le prix de revient de chaque maison « double était de 8.400 fr. Ainsi les élèves de « l'Ecole Roudil ont la certitude de devenir un « jour propriétaires d'un domaine assez étendu, « qui, s'ils sont intelligents cultivateurs, leur « permettra de vivre facilement et pourra même « en peu d'années leur assurer une certaine « aisance ».

Hélas ! ce noble vœu du Conseil Général, dont l'honorable M. Patenne se faisait l'interprête en 1895, ne devait être exaucé que bien imparfaitement ! Et c'est M. Patenne qui devra lui-même en convenir au cours d'un rapport très étudié et très complet qu'il présentait l'année suivante à

(1) Rapport au nom de la 8e commission présenté par M. Patenne au Conseil Général de la Seine, 1895.

cette même assemblée. Nous y lisons en effet. (1)
« La terre de Bassour est d'une contenance de « 134 hectares environ. C'est sur ce domaine que « l'Administration fit établir cinq maisons doubles « appelées à recevoir les dix premiers Colons. Le « Conseil Général n'y prit garde et ce n'est qu'au « moment de procéder au lotissement du village « qu'il fut établi que les concessions à accorder « à Bassour ne pourraient excéder une contenance « de 13 hectares par Colon, contenance insuffi- « sante..... C'était assurément une imprévoyance « bien regrettable de la part de l'Administration. « Elle est d'autant moins excusable que la « création de ce village avait donné lieu à de « nombreux rapports de M. Debacq, expert-géo- « mètre à Alger, du Directeur de l'Ecole et de « l'Inspecteur Départemental M. Mulé (Inspecteur « départemental du service des enfants assistés) « (Ministère de l'Intérieur) délégué tout spéciale- « ment à Ben-Chicao pour ces études..... Les « maisons n'étaient pas achevées qu'une première « et grosse erreur était constatée..... Après des « études qui avaient fait couler des flots d'encre, « donné lieu à une volumineuse correspondance « entre l'Administration et ses représentants, on « est arrivé à construire un village de, *10 feux* « n'ayant de terres que pour *8 Colons*. C'est à « peine croyable. »

Et cependant ce n'est pas tout. Ainsi M. Patenne explique qu'on aurait pu économiser 40.000 francs

(1) Rapport au nom de la 3me Commission présenté par M. Patenne au Conseil général de la Seine, 1896 (page 31).

en adressant une simple demande au Gouvernement Général de l'Algérie qui aurait fait les fonds nécessaires à l'établissement d'une route et à l'adduction des eaux. « Il semblerait, fait-il remar-
« quer, que l'on a tenu avant tout et en tout à
« grossir les mémoires de l'architecte-ingénieur
« chargé de construire les bâtiments, de faire les
« chemins, de découvrir les sources et de procé-
« der à leur adduction..... Les maisons trop coû-
« teuses, véritables forteresses, ne répondent pas
« aux besoins d'une exploitation agricole, le gre-
« nier, cause d'une grande dépense, est incommode
« et inaccessible, les écuries sont insuffisantes
« pour faire de l'élevage et il en sera de même
« des caves, dès que les vignes commenceront à
« produire ». Ce prix de plus de 4000 francs par maison est « quelque peu exagéré et bien admi-
« ministratif », ajoute le rapporteur. Et il conclut en disant : « Si la Commission n'avait envoyé une
« Délégation sur place avant de s'engager plus
« avant, le Conseil aurait certainement, comme
« par le passé, sur les rapports administratifs,
« continué à créer à grands frais de nouveaux
« villages où tout est établi en dépit du bon
« sens ».

Aussi les agents de l'Administration n'aimaient pas à être dérangés par les Délégués du Conseil Général, tel cet architecte-ingénieur qui « fut
« chargé par l'administration de faire toutes les
« études nécessaires pour les constructions des
« villages et de diriger les travaux qui avaient
« été décidés. Tous les projets qu'il a présentés

« ont été aussi coûteux que possible. L'Adminis-« tration les a acceptés sans contrôle, tels quels, « sans se rendre compte des conditions que « devaient remplir des constructions agricoles en « Algérie ». En voyant arriver la délégation du Conseil Général, cet architecte comprit, suivant la spirituelle expression de M. Patenne, « que l'ère « heureuse des mémoires était passée et c'est « sans doute l'explication de son étrange attitude « à l'égard de la Délégation ».

L'honorable rapporteur conclut en invitant l'Administration à se priver, à l'avenir, des coûteux services de cet agent ; il demande aussi la révocation du Directeur de l'exploitation, agronome distingué, mais qui s'est montré tout-à-fait au-dessous de sa tâche comme Administrateur.

Et maintenant il est facile de comprendre les erreurs capitales qui ont été commises dans cette affaire. Quelle compétence pouvait avoir un architecte pour approprier des constructions au but à atteindre, lui qui ne savait pas ce qu'on voulait faire au point de vue de la culture, qui n'avait pas l'habitude en faisant ses calculs de tenir compte des nécessités agronomiques, et qui, d'ailleurs, n'avait sous ce rapport aucune responsabilité ?

Et où un Directeur comme M. Raveau aurait-il appris les questions si capitales de l'Administration, le rapport existant entre la main-d'œuvre et la production, la balance à établir entre les dépenses et les recettes ? Comment aurait-il acquis la connaissance des constructions économiques et pratiques ? Pas dans une école d'Agriculture assurément ; et il est fort probable qu'un élève sortant de Grignon ou de quelque autre école similaire, serait tombé, si instruit qu'il ait été, dans des errements identiques. Ses formules chimiques et algébriques, ses théories de culture intensive, toute son instruction pompeuse et savante n'auraient été ici qu'un bagage inutile et ne lui auraient pas tenu lieu des qualités pratiques que doit avoir tout bon Agriculteur, auquel le travail personnel et l'expérience acquise ont appris la culture et la bonne entente de ses intérêts réels.

Aussi, quels résultats désastreux ! L'honorable M. Caron se voit forcé de les constater officiellement dans son rapport au Conseil Général, daté de l'année 1897 ; nous y lisons en propres termes :

« Le montant total des dépenses s'élève à plus « de quatorze cent mille francs. Comme contre-« partie de ces dépenses, les résultats obtenus « depuis dix ans sont *très médiocres*. Actuellement « il y a à la Ferme-Ecole 11 élèves ; au village « de Bassour, il y a 5 Colons ; au village de « Keddara il y a 10 feux et pas de Colons ».

Ainsi pas de Colons et presque pas d'Elèves ! On croit rêver en lisant ces phrases du rapport et cependant voilà la vérité qu'enregistre un homme compétent qui a qualité pour le faire. Il est vrai qu'en revanche, il existait toujours à la Colonie un très nombreux personnel, assez grassement rétribué, puisque le montant des dépenses atteignait de ce fait la somme annuelle de 137.000 francs. Faut-il s'étonner après cela qu'une telle manière de procéder ait produit ce résultat stupéfiant et tout-à-fait inattendu que le plus ancien Colon de Bassour, homme sérieux et travailleur, demande comme récompense de ses longs et patients efforts, à être pourvu d'une place de fonctionnaire, laissant entendre clairement par là que les seuls qui aient retiré de cette entreprise de grands avantages sont les employés de l'Administration ?

Dans une lettre qu'il adresse au Président de la Délégation, après avoir exposé longuement la triste série de ses mécomptes et de ses désillusions, il conclut en ces termes : « La seule chose « que je demanderai, si l'on veut me faire une « petite récompense en me retirant, ce serait de « m'accorder une place à l'Ecole Roudil comme « boulanger. »

Voilà où nous a conduit ce déplorable système d'Administration où les responsabilités n'existent pas, pour ainsi dire, puisque les fondateurs et les organisateurs de l'exploitation ont pu facilement les esquiver, en rejetant les uns sur les autres les fautes commises ; où le manque d'unité dans la direction a paralysé les efforts de l'entreprise et où l'on s'est montré d'une parcimonie exagérée pour les concessions accordées à chacun des Colons. Tandis qu'on allouait sans compter des crédits importants pour des constructions trop considérables et la rétribution d'un personnel trop nombreux, on marchandait aux Colons les quelques milliers de francs indispensables à leur installation et l'on ne leur accordait sur un domaine de plus de 5000 hectares que des concessions de 12 à 15 hectares à peine.

Comme il eut été préférable d'employer les fonds dont on disposait d'une façon plus pratique et moins somptuaire ! Les constructions auraient coûté 100.000 francs de moins et chaque Colon aurait reçu 10.000 francs de plus pour son matériel et son bétail, que les résultats auraient sensiblement changé ; surtout si au lieu d'une quinzaine d'hectares il en avait eu une centaine à sa disposition. Dans un morceau de terre si restreint, que pouvait-il faire en effet ? Pouvait-il avoir un champ suffisant à son activité ? Et n'est-il pas alors placé dans les mêmes conditions qu'un paysan de France qui a tant de peine à vivre de son travail, avec cette différence qu'il est privé des avantages dont jouit le paysan Français, puisqu'il ne peut aussi facilement que ce dernier procéder aux transactions nécessaires, ni se procurer ce dont il a besoin, à cause du prix plus élevé aux Colonies des produits manufacturés ?

Mettre en culture rationnelle et productive une quantité appréciable de terres jusqu'alors laissées à l'abandon, voilà le seul moyen pour un Colon de s'enrichir.

Et d'ailleurs c'est une économie bien mal comprise que de mesurer de la sorte le terrain aux bonnes volontés qui s'offrent, alors que nous disposons d'immenses étendues incultes et improductives. Les Colons qui ne réussiront qu'à demi n'auront pas perdu tout-à-fait le fruitde leurs efforts, puisque la terre défrichée n'aura pu manquer d'acquérir une certaine plus-value. Quant aux autres, à ceux qui auront réussi, ils inciteront par leur exemple d'autres travailleurs à les imiter, ils contribueront à étendre la zone en exploitation et ce sera l'histoire de la tache d'huile peu à peu envahissante et qui s'appellera cette fois l'esprit de civilisation gagnant de proche en proche sur le domaine de la barbarie, fécondant et disciplinant les richesses naturelles du sol, en vue des trafics et des débouchés profitables aux intérêts coloniaux et métropolitains.

CHAPITRE V

DES CONCESSIONS COLONIALES : LES MEILLEURS SYSTÈMES POUR FAVORISER LA COLONISATION

Nous venons de voir par l'exemple de Ben-Chicao qu'il serait nécessaire de donner aux Colons des portions de terrain d'une étendue suffisante à exercer leurs facultés de travail et d'initiative. Ces parts de terrain à accorder s'appellent des Concessions.

On a beaucoup écrit, beaucoup discuté à propos des Concessions ; on a proposé, étudié et refuté plusieurs systèmes qui s'y rapportent et ce sont ces systèmes que nous allons rapidement passer en revue, afin d'y chercher, toujours d'après notre méthode, les principes pratiquement applicables en général à toutes les exploitations des Colonies et en particulier à celles dont nous avons parlé en étudiant les Écoles de Colons.

Les deux grandes questions auxquelles peuvent se ramener à peu près toutes les discussions ayant trait aux concessions coloniales sont les suivantes :

I. Les Concessions aux Colonies doivent-elles être gratuites ou payées ?

II. Doit-on ou ne doit-on pas créer de grandes Compagnies de Colonisation ?

Ces deux propositions sont d'une actualité saisissante, puisque différents projets de lois s'y rapportant sont à l'étude devant le Parlement.

1re question. — Prenons la première de ces questions. Nous y voyons apparaitre trois solutions : toutes les concessions devront être gratuites, ou bien toutes les concessions seront payées, ou, en troisième lieu, elles seront payées ou gratuites, suivant les cas. Ces différentes solutions ont leurs avantages et leurs inconvénients. Nous allons envisager les uns et les autres, ce sera le meilleur moyen de conclure en faveur de celle qui nous paraitra la plus acceptable.

1o *Système de la gratuité.* — Le système de la gratuité des concessions offre l'incontestable avantage de faciliter le peuplement en l'encourageant dans une très large mesure et de plus d'être essentiellement démocratique. A l'homme qui se plaint de la médiocrité de sa situation en France, on n'a plus qu'à dire : « Vous vous « plaignez peut-être à juste titre ; ici vous ne pos- « sédez pas ou bien ne possédez presque rien ; il « ne tient qu'à vous de devenir propriétaire et « même assez grand propriétaire. Allez aux Colonies, « d'immenses terrains vous attendent et vous pourrez « les faire fructifier selon vos forces et vos ressources. « Nous vous donnerons tout ce que vous serez en « mesure de défricher et de faire valoir. » Ce raisonnement ne pourrait manquer d'être bien accueilli et voilà peut-être qui apaiserait les revendications sociales.

On reproche à ce système de grever le budget

de l'Etat qui aurait seul la charge d'assurer les communications, routes, chemins de fer, etc., et les finances du trésor s'écouleraient de la sorte sans compensation. Mais il est certain qu'au bout de peu de temps cette perte serait largement compensée par le produit des douanes, des impôts sur les transactions, sur les voies de circulation qui se trouveraient considérablement augmentés par le développement des exploitations. Cette considération nous incline à penser que ce système n'est pas mauvais, quoiqu'on en ait dit. D'ailleurs la vente des terrains domaniaux n'atteint dans nos Colonies qu'un chiffre assez insignifiant et ne constitue par conséquent pour le Trésor qu'une ressource médiocre, tout en entravant d'une façon sérieuse les débuts de la plupart des Colons.

On a dit aussi qu'en thèse générale, si l'on admet le système de la gratuité, les Colons auraient une tendance manifeste à demander une étendue de terrain hors de proportion avec leurs forces et leurs ressources. Nous estimons cette objection de peu de valeur, attendu que rien ne serait plus simple que de limiter et de proportionner la concession, en donnant, par exemple, un chiffre d'hectares déterminé pour chaque millier de francs dont pourrait justifier le concessionnaire.

Une décision de la Résidence Générale exige de tout Colon qui sollicite une concession à Madagascar la justification d'un capital d'au moins cinq mille francs. Ce chiffre pourrait peut-être suffire à la rigueur dans un pays déjà connu et où tout est prêt pour le recevoir, comme en Nouvelle-Calédonie ; mais il est complètement insuffisant à Madagascar pour une grande exploitation. Le Colon qui n'a pas à sa disposition un capital plus élevé agira sagement en se contentant d'une petite concession. Nous ne citons donc ce fait que pour approuver le principe qui est bon.

On a exprimé encore cette crainte que le Colon concessionnaire ne soit tenté de laisser tout simplement sa concession en l'état, sans la cultiver, afin de profiter d'une plus-value possible dès que les concessions environnantes auraient pris de la valeur par le travail des voisins. Nous répondrons qu'il est facile de parer à cet inconvénient, en posant comme condition, ainsi qu'il est actuellement pratiqué, l'obligation formelle de cultiver une partie de la concession, le tiers ou le quart, par exemple, dans un délai variant de 3 à 5 ans.

2o *Système de la vente.* — Le système de la vente des concessions présente cet avantage indéniable de procurer à la Colonie des ressources qui lui permettent de construire des ponts, des routes, des voies de communication de toutes sortes ; mais, par contre, il a l'inconvénient d'être un très réel obstacle pour toutes les entreprises de quelque importance. En effet, à moins de fixer un prix de vente très minime, ce qui équivaut alors à la gratuité déguisée, on en est réduit à ne concéder qu'une très petite propriété aux Colons ne disposant que d'un capital modique, ce qui est le cas le plus général. Les concessionnaires, pour avoir une exploitation importante, devront alors posséder un capital assez considérable, mais s'il en est ainsi, ils préféreront souvent le faire valoir en France, sans prendre la peine de passer les mers. La vente des concessions est donc, quoi qu'on en dise, un obstacle assez sérieux à la colonisation.

3o *Système de la gratuité et de la vente suivant la nature des Concessions.*

Il existe enfin un troisième système qui peut paraître logique à première vue, mais qui n'est en réalité qu'un trompe-l'œil. C'est celui qui consiste à vendre les terres ayant une valeur certaine soit par leur position soit par leur fertilité naturelle et à concéder gratuitement les terres mal situées ou d'une fertilité douteuse.

C'est bien raisonné assurément, mais quelle base de certitude aurait-on pour déterminer cette valeur ? L'appréciation risquerait fort d'être très arbitraire, car le Gouvernement ne pourrait exercer sur elle qu'un contrôle tout-à-fait insuffisant et serait obligé de s'en remettre absolument à ses agents, lesquels n'auraient pas toujours d'ailleurs la faculté de prononcer en connaissance de cause, s'il s'agissait, par exemple, de terres peu connues et lointaines. De plus, cette distinction établie forcément un peu au hasard, ferait sans aucun doute de nombreux mécontents et augmenterait chez les Colons les appréhensions bien compréhensibles au début d'une entreprise de ce genre.

La gratuité des concessions serait donc peut-être

préférable, en fin de compte, puisqu'elle donnerait un essor nouveau aux tentatives de culture et par là assurerait le peuplement du domaine Colonial. Elle serait plus spécialement avantageuse pour les Colonies d'exploitation qui prendraient ainsi une valeur incontestable, très profitable au développement du trafic et des débouchés commerciaux. Ce serait la rémunération des sacrifices faits par la Métropole en faveur de ses Colonies et cette rémunération pourrait même être supérieure aux sacrifices consentis.

Il suffit pour s'en convaincre de jeter les yeux sur quelques-uns de nos échanges se rapportant aux denrées et autres productions coloniales.

Nous trouvons, par exemple, que le commerce international nous fournit actuellement pour 175 millions de cafés, alors que nos Colonies ne nous en envoient que pour la valeur de 1.783.000 francs. Nous recevons pour 27 millions de caoutchouc et gutta-percha et seulement 2.600.000 francs viennent de nos Colonies. L'importation de la laine en France s'élève annuellement au chiffre énorme de 400 millions et nos Colonies ne figurent que pour 6 millions, y compris l'exportation de l'Algérie et de la Tunisie. Enfin, pour le coton, la comparaison donne des chiffres encore plus dérisoires puisqu'il n'arrive de nos possessions que pour 8000 francs de coton et que notre consommation atteint 166 millions par an. En additionnant ces différents chiffres, qui sont pris dans la moyenne de ces dernières années, on arrive à cette constatation que nous achetons chaque année pour un milliard de produits au commerce étranger et que nous pourrions progressivement tirer ces énormes ressources de nos propres domaines coloniaux.

En admettant même que nous ne puissions en tirer qu'une partie, il nous serait tout au moins possible d'accroître dans une notable proportion le chiffre de nos importations coloniales et cela augmenterait d'autant la richesse économique de la France.

Enfin, ce que nous devons éviter par dessus tout, ce sont les tâtonnements et les incertitudes du système actuel des concessions. En adoptant une fois pour toutes un régime identique, vente ou gratuité, on aurait du moins l'avantage d'appliquer une règle déterminée que tout le monde connaîtrait et pourrait comprendre.

Ainsi on ne retomberait plus dans cette faute très grave qui a été commise souvent et notamment à la Guyane où l'on a interverti jusqu'à 7 fois consécutives le système de la gratuité et celui de la vente depuis 1774 jusqu'à nos jours. Les conséquences de ces changements perpétuels sont le trouble et le mécontentement universels. Comment ne pas comprendre le mécontentement d'un Colon qui a payé sa concession, ne serait-ce qu'un prix peu élevé et qui voit un peu plus tard ses voisins bénéficier d'une concession gratuite ?

Dans tous les cas, si l'on adopte le régime de la vente, il faudrait faire payer le moins possible au début, car la principale cause de l'échec de nos Colons vient de ce qu'ils ne possèdent pas les ressources suffisantes pour attendre le jour de la récolte.

Que se passe-t-il alors? Le Colon se voit forcé de recourir à l'emprunt, suivant le taux colonial, qui est absolument usuraire, tous ceux qui ont vécu aux Colonies le savent parfaitement. Il engage sa récolte, son domaine même et le voilà dépossédé ou du moins sur le chemin d'une ruine presque inévitable.

Une mesure qui serait, à notre avis, rationnelle et bien accueillie de tous, consisterait à diviser le prix d'achat en vingt annuités ou encore à faire verser la moitié du prix comptant, mais en restituant au Colon les trois quarts de son versement, dès qu'il aurait constitué une garantie sérieuse par la construction des bâtiments de son exploitation ; le payement du reste de la somme due serait alors échelonné de telle façon qu'en une dizaine d'années, le concessionnaire pourrait se trouver entièrement libéré.

Un excellent système, le meilleur peut-être de tous, est celui qui avait été institué en Nouvelle-Calédonie en vertu d'un arrêté du 1er Juin 1857 et qui stipulait des concessions à titre onéreux, obligeant les concessionnaires à payer à l'Etat une rente annuelle et perpétuelle à raison de 1 fr. 50 par hectare, rachetable lorsque la totalité du terrain était mise en valeur.

Une autre mesure, qui serait vite populaire, serait d'offrir aux sous-officiers libérés des concessions bien situées en terrains fertiles, au lieu de places qu'on leur promet dans l'Administration. Cette mesure contribuerait au développement colonial et permettrait en outre de satisfaire de suite tous ceux qui attendent vainement la réalisation de leurs espérances à cause du nombre toujours croissant des candidats au fonctionnarisme.

Enfin les terres insalubres ou mal situées seraient nécessairement réservées aux relégués et aux transportés.

Il est bien entendu que nous préconisons la gratuité uniquement pour les terrains incultes et inexploités et non pour les terrains domaniaux déjà en exploitation, qui sont d'ailleurs trop rares aux Colonies : pour ces terrains-là, la vente aux enchères nous paraît toute indiquée.

2me question. — Nous abordons maintenant la seconde question qui fait l'objet de ce chapitre. Elle est certainement d'un intérêt capital, puisque de sa solution dépend en grande partie l'avenir de la colonisation. Nous l'avons formulée en ces termes :

Doit-on ou ne doit-on pas créer de grandes Compagnies de Colonisation ?

Ici on nous cite l'exemple de l'Angleterre, et les Compagnies Anglaises ont trouvé d'ardents protagonistes qui voudraient modeler à leur image des Compagnies Françaises. On a dit que ces fameuses Compagnies à charte, dont on a beaucoup exagéré les services, étaient une sorte d'écran sous le couvert duquel l'Angleterre s'avançait insensiblement à la conquête de Colonies nouvelles. On a fait ressortir, et nous en convenons volontiers, que le système anglais présentait l'avantage d'une économie considérable pour la Métropole. Mais les inconvénients qui résultent de leur organisation même sont bien plus frappants selon nous.

Ecoutons donc un de leurs plus décidés admirateurs, tracer le programme suivant qui est la copie pure et simple de cette organisation. « Il « faudrait constituer des sociétés qui fussent douées « d'un statut spécial, à savoir de ce qu'on appelle « d'un mot dont on a fait un épouvantail *des « droits régaliens* ; il faudrait constituer des « sociétés qui eussent d'abord des concessions « étendues et qui pussent entretenir des forces de « police ainsi qu'un certain appareil de justice, qui « fussent libres d'établir certains droits, certains « tarifs — des sociétés en un mot qui eussent « les organes nécessaires pour exister là où il « n'y a aucune espèce de gouvernement ». (1)

Qui n'aperçoit le danger d'une pareille conception ? Qui ne voit qu'en créant ainsi une sorte de petit état autonome ayant sa police, son organisme administratif et financier, on arrive presque infailliblement à favoriser les tendances séparatistes, en habituant progressivement les Colons à l'indépendance vis à-vis de la Métropole ? L'histoire est là d'ailleurs pour nous le prouver ; les Etats-Unis d'Amérique se sont affranchis dès qu'ils ont senti leur force et cet exemple qui date d'un siècle menace d'être suivi dans l'avenir par d'autres grandes Colonies, telles que l'Australie et surtout les Indes, qui supportent en frémissant le joug de l'Angleterre.

(1) P. Leroy-Beaulieu. Les grandes Compagnies de Colonisation, 1895, page 31.

Un autre inconvénient du système serait la crainte légitime que pourraient concevoir nos nationaux de voir tourner au monopole les privilèges vraiment excessifs dont seraient munies ces sociétés, qui pourraient presque impunément pratiquer l'accaparement et s'engager dans la voie des spéculations financières, si désastreuses pour l'épargne nationale, notamment quand il s'agit de grosses entreprises situées fort loin, où tout contrôle ne peut s'exercer que difficilement.

Voici d'ailleurs ce qu'un homme des plus compétents et des mieux renseignés sur la question des concessions, M. Hamelin, écrit dans un ouvrage de date très récente. « A-t-on intérêt à « donner à une Compagnie ainsi formée le mono« pole du commerce sur un territoire déterminé ; « la propriété de tout un pays, des exemptions « d'impôts, le droit de lever des taxes, de rendre « la justice, etc. ? A notre avis, de tels privilèges « sont absolument contraires à l'intérêt général et « il n'y a pas lieu de donner à une Société de « Colonisation un monopole de droit. Que cette « Société, une fois constituée, cherche à augmenter « ses moyens d'action, à faire disparaître ou à « absorber les Compagnies rivales, à obtenir un « monopole de fait, en un mot, rien de plus « légitime et l'émulation des sociétés commerciales « pour arriver à ce résultat ne peut que favoriser « et hâter le développement économique de nos « Colonies. Mais le monopole de droit concédé, « avant même que la Compagnie ait commencé « ses opérations en empêchant toute concurrence

« ultérieure, ne peut être que funeste à la « Colonie. » (1)

On ne saurait mieux dire et nous nous rallions pleinement à cette manière de voir. Nous croyons d'ailleurs que l'extraordinaire développement Colonial de l'Angleterre, si gros de périls, dont quelques-uns peuvent être considérés comme prochains, tient beaucoup plus à des causes économiques et politiques qu'on n'aperçoit qu'après une étude approfondie, qu'elle ne résulte de l'action des Compagnies à charte.

Parmi ces causes, il nous suffira d'indiquer le droit d'aînesse, dont le maintien en Angleterre est peut-être une atteinte à la justice et à l'égalité, mais qui présente le précieux avantage de conserver les patrimoines sans les diviser.

Les Cadets de familles riches sont habitués dès lors à cette idée de ne plus compter sur l'avoir de leurs parents et se dirigent tout naturellement vers les entreprises coloniales pour y chercher situation et fortune.

D'autre part, l'émigration des femmes nous semble devoir être signalée comme une des causes principales de la prospérité des Colonies anglaises. Alors que les Anglaises s'expatrient le plus facilement du monde, les Françaises se plaisent à rester chez elles, en dépit des perspectives d'aisance et de travail qui leur sont offertes. Et pourtant la présence des femmes dans les Colonies n'est pas seulement un gage de la fixité des Colons, elle est aussi une attraction certaine pour

(1) Maurice Hamelin. Des Concessions Coloniales, 1899.

les nationaux tentés de s'établir outre-mer.

C'est ce qu'a parfaitement compris le général Galliéni qui s'est attaché à démontrer l'importance d'un recrutement de Françaises pour Madagascar. C'est ainsi que des milliers de Françaises sont allées s'établir au siècle dernier au Canada, qu'elles s'y sont mariées et qu'elles y ont vécu prospères. On a calculé que moyennant une dépense de 100 000 fr. par an, comprenant achat du trousseau, voyage, argent de poche des émigrantes, on pourrait aider à la constitution et à l'établissement de plus de deux cents familles nouvelles. Le projet de cette intéressante organisation est à la veille de s'exécuter, et s'il est bien mis en pratique, il nous permettra peut-être un jour de rivaliser avec l'Angleterre en ce qui concerne le peuplement des Colonies.

Enfin la supériorité navale de l'Angleterre, qui s'est affirmée au commencement de ce siècle, lui a permis de s'emparer d'une grande partie de nos possessions, durant les guerres gigantesques que l'Empire Français livrait au Monde.

Voilà certainement la plus efficiente de toutes les causes qui aient déterminé sa considérable expansion. L'Angleterre a beaucoup conquis et colonisé parce qu'elle a pu régner sur la mer.

Mais si nous ne voulons pas des Compagnies à charte pour les raisons que nous avons indiquées, si nous ne pouvons accepter cette *anglomanie* qui semble hanter quelques théoriciens et politiciens, partisans des grandes Sociétés de Colonisation, et qui cadre si mal avec notre tempérament national, il ne s'ensuit pas pour cela que nous approuvions le *statu quo*.

Entre l'inaction presqu'absolue et le manque de direction du système actuel, et la constitution de ces Sociétés, il y a un moyen terme qui nous paraît très acceptable.

C'est ce moyen terme que désigne M. le Sénateur Pauliat dans son rapport si documenté et si remarquable sur la constitution de Sociétés privées de Colonisation, quand il parle des *Entreprises de Colonisation*. Ici il n'est plus question de privilèges ni de monopoles, on n'attribue plus à une société ou à un particulier d'immenses étendues de territoire, qui constituent de véritables fiefs, où l'indigène est *taillable et corvéable à merci*, et forment autant de petits états dans l'Etat. On concèderait seulement des portions de terrain d'une contenance normale, facilement exploitables à un ou plusieurs particuliers ou à une société ; ces concessions seraient temporaires et renouvenables ; les Français seuls pourraient être concessionnaires ; le siège social de l'entreprise devrait être en France ; les mœurs, coutumes, religion et organisation des populations indigènes devraient être rigoureusement respectées, sauf en ce qu'elles auraient de contraire à l'humanité (articles 2, 3 et 5 du projet de loi de la Commission).

C'est dans cet esprit seulement que nous pourrions admettre l'idée de constitution des Entreprises de Colonisation.

Mais à côté de ces entreprises qui seraient laissées à l'initiative d'un particulier ou d'une société, il y aurait place pour des entreprises d'un autre ordre qui formeraient la base même de l'instruction professionnelle du Colon ; ce seraient les Ecoles dont nous avons parlé.

Ces Ecoles pourraient être fondées par l'Etat ou par des Sociétés particulières ou même par l'action simultanée et parallèle des Sociétés et de l'Etat ; mais ce dernier aurait le devoir, dans tous les cas, de les soutenir de son influence et de ses deniers. Le moins qu'il pourrait faire, serait de leur donner gratuitement les concessions dont elles auraient besoin pour s'établir.

Ces concessions devraient naturellement être allouées, non pas dans des régions insalubres, trop éloignées ou improductives, mais bien dans des pays fertilles, bien situés et susceptibles d'un grand développement.

De la sorte, l'entreprise se trouverait dans toutes les conditions de salubrité et de fertilité désirables et présenterait surtout cet avantage fort appréciable pour la Colonie d'être le point de départ d'un groupement de Colons qui trouveraient en elle une indication utile et un exemple à suivre.

Ainsi dans les pays tropicaux, où il est particulièrement difficile à l'origine de découvrir les endroits les plus propices à l'installation d'une famille européenne, il faudrait commencer par choisir de préférence les hauts plateaux, à cause des conditions climatériques se rapprochant de celles de la France, des cultures qu'on y pourrait faire et de la salubrité qu'on y rencontre généralement.

Pour prendre un exemple bien actuel nous citerons Madagascar qui se développe en ce moment d'une façon prodigieuse sous l'habile impulsion du général Galliéni ; cette île magnifique dont tout le monde aujourd'hui connait la description, est sans conteste l'un des points les mieux doués de nos Colonies d'exploitation. Heureux et riches deviendront ceux qui sauront s'y installer dans de bonnes conditions.

Quels services pourraient rendre en ce moment quelques Ecoles de Colons fondées aux meilleurs endroits !

Jusqu'à présent on a conseillé aux Colons européens de s'établir de préférence dans l'Imerina, le Betsiléo ; mais en ce moment les voies de communication sont encore insuffisantes pour des transactions suivies et il serait de beaucoup préférable de se rapprocher de la côte et du voisinage des fleuves navigables, tout en choisissant un endroit remplissant les conditions de fertilité et de salubrité nécessaires pour obtenir de bons résultats.

La région Sud-Est, à condition de ne pas se fixer sur la côte même, depuis Manantjary jusqu'à Vanguaindrano, nous semble parfaitement convenir à des tentatives de ce genre, et notamment les environs d'Ancarna, où se trouvent de magnifiques plaines très fertiles, très bien arrosées, et en même temps l'une des régions les plus peuplées d'indigènes et principalement des races les plus travailleuses de l'île : Antaimoro, Antaifasy, Antaisaka, ce qui assurerait aux Colons dès le début de leur installation la main-d'œuvre et les subsistances qu'on peut tirer des ressources du pays.

Cette région très favorable à l'élevage, à condition d'y remplacer les herbages indigènes par les fourrages européens, se prêterait également très bien aux cultures tropicales.

On sait qu'en 1893, c'est dans ces régions qu'ont été trouvées les énormes quantités de caoutchouc qui ont permis à certains Colons de faire en quelques mois des fortunes considérables. Ainsi MM. Marschall et Eyraud, entre autres, ont acheté à cette époque, pour le compte de la maison O'swald de Hambourg, des navires entiers de caoutchouc, qu'ils obtenaient à si bas prix des indigènes, qu'ils ont réalisé en moins d'un an des fortunes de plusieurs centaines de mille francs.

De même ont fait la maison Procter de Londres, la maison Soost et Brandon de Hambourg et plusieurs autres.

Toutes les cultures tropicales y viennent aussi bien ; café, vanille, cacao, girofle ; quant aux cultures européennes, la nature du sol, qui est argilo-siliceux, le climat tempéré, et le régime des pluies, permettraient de les cultiver avec succès.

De plus, la région comprise entre Manantjary et Fianarantsoa se prêterait merveilleusement à la culture du café ; sans compter les ressources qu'offriraient le voisinage de la forêt, au point de vue de l'exploitation des bois, et de superbes chutes d'eau, qu'on pourrait utiliser comme force motrice.

Cette région est également aurifère, mais nous n'en parlerons pas, cette question n'ayant aucun rapport avec l'agriculture.

Deux ou trois Ecoles de Colons dans cette magnifique contrée lui assureraient incontestablement un développement rapide pour le plus grand profit du pays, et des Colons qu'elles y attireraient.

Elles constitueraient dans ces conditions l'essai le plus logique et le plus fructueux qui pourrait être tenté pour encourager l'émigration de nos nationaux, guider et discipliner leurs efforts, sans nuire à leur initiative et écarter du même coup du régime des concessions l'apparence même des privilèges et des monopoles, si préjudiciables aux intérêts particuliers.

CHAPITRE VI

RÉSULTATS D'UNE COLONISATION BIEN COMPRISE

Dans ce dernier chapitre, nous allons résumer, avant de conclure, les principaux résultats d'une Colonisation bien comprise ; nous verrons aussi de quelle manière les Ecoles de Colons peuvent contribuer au développement et à l'organisation de cette Colonisation.

Parmi les nombreux résultats que nous avons à noter, nous allons d'abord nous étendre sur les deux plus frappants.

1° *La Colonisation bien comprise et bien pratiquée est le seul remède à l'encombrement toujours croissant de la métropole.*

2° *Elle est le seul remède à l'affaiblissement de la natalité en France.*

1° Nous disons en premier lieu que la Colonisation bien comprise et bien pratiquée est le seul remède efficace à l'encombrement qui se produit chez nous à tous les degrés de l'échelle sociale.

Prenons d'abord le paysan ; il est incontestable qu'il a une tendance de plus en plus marquée à émigrer des champs à la ville ; on a beau entasser théories sur théories et multiplier les cris d'alarme en criant à la dépopulation des campagnes, le fait est indéniable et s'accentue de jour en jour. La raison en est bien simple : le progrès du machinisme agricole permet de restreindre dans une très forte proportion la main-d'œuvre manuelle ; là où il fallait dix hommes, il n'en faut plus qu'un ou deux pour accomplir la même somme de travail. C'est un progrès assurément, puisqu'il constitue une économie de forces utilisables ailleurs. Mais c'est en même temps un danger si toutes ces forces ne trouvent pas à s'employer. Or, c'est précisément ce qui se produit : les paysans affluent alors vers les villes, croyant y trouver leur gagne-pain dans quelque métier commercial ou industriel.

Cruelle désillusion ! Dans les villes c'est pis encore : les facilités de vie sont moindres, vu le prix élevé des subsistances et des loyers ; et le travail est encore plus rare et exige presque toujours un apprentissage professionnel. Le machinisme de l'industrie est encore plus développé et tous les jours il envahit l'atelier et la fabrique, privant de leurs salaires un certain nombre d'ouvriers devenus inutiles. D'où chômage et misère pour les travailleurs. Quelques-uns sont bien heureux alors de se transformer en simples manœuvres, pour ne pas mourir de faim et ceux qui trouvent une situation avantageuse sont l'infime minorité.

Comment remédier à cette situation ? Faudrait-il obliger le patronat à élever les salaires ou bien à ne plus se priver de bras inutiles ?

Mais ce serait d'abord un procédé singulièrement

attentatoire à la liberté des conventions et de plus un procédé absolument ruineux pour notre industrie nationale qui a tant de peine à soutenir la concurrence étrangère et ne peut lutter contre elle que grâce aux tarifs protecteurs dus à la sollicitude des Gouvernements.

Le remède est ailleurs. Il consiste à procurer du travail à tous ces hommes qui sont les producteurs de la richesse et qui deviennent ses victimes. Ces hommes ont droit à la vie et c'est un danger social aussi bien qu'une inhumanité que de ne pas chercher tous les moyens pour la leur assurer. Au nombre de ces moyens, il en est un tout indiqué. Il faut les pousser résolument dans la voie de la Colonisation, où ils trouveront, à condition d'être bien dirigés, l'utile emploi de leurs énergies.

Quant à ceux dont nous avons parlé précédemment, quand à ces *prolétaires intellectuels* dont l'armée inquiétante et famélique grossit chaque jour et se compose des déchets de toutes les professions libérales ou administratives, ils sont tout prêts à faire le voyage, et l'Etat a le devoir de leur donner toutes les facilités possibles pour s'installer et faire œuvre utile dans l'immense champ d'action que représentent nos Colonies.

2° Nous considérons en second lieu que la colonisation est le seul remède efficace à l'affaiblissement de la natalité en France. Nous allons en voir la raison. M. Pauliat l'a nettement établie dans le rapport précité. Il y constate d'abord que si la natalité s'est affaiblie en France, c'est que pour un ménage peu aisé les enfants trop nombreux deviennent une gêne réelle. La page vaut d'être citée toute entière :

« Un fils, pour des parents français ayant déjà « de graves difficultés à maintenir le rang que « leur impose le sentiment de leur dignité familiale, « mais c'est une dépense, selon les familles, de « 20, 30, 40, 50.000 francs et très souvent plus. « On ne veut pas déchoir ni surtout paraître « déchoir aux yeux de ses amis et de son entou- « rage. On tient à ce que son fils reçoive une « instruction au moins en rapport avec la situation « morale que l'on occupe, on désire même que « ce fils arrive à une position supérieure à celle « que l'on a eue soi-même, et alors, pendant des « années, ce sont des privations épuisantes, des « inquiétudes mortelles, d'ordinaire même c'est le « petit patrimoine compromis ou très entamé.

« On comprend dans ces conditions avec quelles « appréhensions et quelles angoisses l'arrivée d'un « enfant en trop doit être accueillie dans une « famille française. Or, si l'on considère nos mil- « liers de familles de fonctionnaires, d'employés « d'administrations privées, de petits commerçants, « de petits artisans, de petits propriétaires, pour « la plupart gênés, pour la plupart condamnés « quotidiennement à des prodiges d'économie, afin « de joindre les deux bouts, c'est au moins les « deux tiers de la France, sinon les trois quarts. « Pour ces millions de familles, le « croissez et « multipliez » biblique ne saurait donc être qu'une « triste ironie. Pour elles un enfant au-delà de

« ceux que leur état de fortune leur permet « représenterait un luxe qui leur est défendu, « qu'elles ne peuvent se donner. On obéirait donc « à une crainte chimérique si l'on s'imaginait « qu'en développant l'émigration de la France vers « ses Colonies ou les autres pays, elle aurait pour « conséquence finale de diminuer le montant de « notre population métropolitaine. Bien au con- « traire, c'est un phénomène tout différent qui se « produirait. Le jour où nous aurions ouvert des « débouchés à nos nationaux, le jour où nous leur « aurions fait prendre le chemin de nos Colonies « et où ils auraient la certitude de pouvoir s'y « occuper, s'y établir, et y faire fortune, on peut « être sûr que ce jour-là, nous aurions restitué à « notre natalité son ancienne puissance, et qu'au « bout de quelques années, elle serait redevenue « ce qu'elle était il y a un siècle. »

Tous les économistes aujourd'hui sont de cet avis : le mot émigration n'est nullement synonyme de dépeuplement ; mais quand on étudie les causes de l'affaiblissement de la natalité en France, on trouve au contraire que l'émigration bien entendue serait le plus décisif des encouragements donnés à la natalité métropolitaine.

La famille, ainsi rassurée sur l'avenir de ses enfants, saluerait la venue de chacun d'eux comme une félicité nouvelle et notre race, redevenue féconde, se répandrait comme une généreuse semence dans tous les coins de l'univers.

Et puis, quelle magnifique prime à l'expatriation que la nouvelle bien vite propagée de la réussite et de la fortune ! Sitôt qu'on apprendrait, en France, que tel ou tel Colon s'est enrichi aux pays d'outre-mer, quel ne serait pas l'empressement de ses amis et de ses compatriotes pour aller le rejoindre, profiter de son expérience et de ses attaches dans la terre inconnue et marcher sur ses traces !

Nous ne citerons que deux exemples à l'appui de cette assertion, pour ne pas être accusés de nous tenir dans le domaine de l'hypothèse ; ils sont faciles à contrôler puisqu'ils datent de la première moitié de ce siècle et qu'aujourd'hui encore l'émigration se poursuit.

Aux environs de 1820, un habitant de Barcelonnette (Basses-Alpes) ayant fait fortune à Mexico, fit venir quelques-uns de ses compatriotes qui en attirèrent d'autres à leur tour. Leurs efforts furent couronnés d'un tel succès que les émigrants affluèrent sans interruption et que la ville de Mexico compte actuellement plus de 15.000 Français originaires des Basses-Alpes. Un peu plus tard, vers 1830, quelques habitants des Hautes-Alpes s'embarquèrent pour la Plata pour y chercher fortune. Le bruit de leurs succès se répandit et beaucoup allèrent les rejoindre. Il s'établit ainsi un courant d'émigration de plus en plus important et qui ne s'est jamais ralenti, puisque chaque année il compte quelques milliers d'émigrants et que la population d'origine française atteint à la Plata plusieurs centaines de mille.

Ces chiffres prouvent avec plus de force que toutes les théories que notre tempérament national est volontiers migrateur ; ils démontrent éloquemment que nous n'avons rien à envier à aucun peuple sous ce rapport et que nous sommes capables au même titre qu'aucun d'eux de fonder, d'organiser et de peupler.

Or, ce qui s'est passé à Mexico et à la Plata peut également se reproduire dans nos Colonies françaises, le jour où l'on serait assuré d'y rencontrer le même appui fraternel.

On partirait même avec plus de confiance si l'on savait retrouver là-bas les chères couleurs de la Patrie, mais il faut pour cela que le Pavillon national soit véritablement ce qu'il n'est pas toujours : une sauvegarde efficace pour les entreprises françaises en compétition avec les entreprises concurrentes de l'étranger ou les basses convoitises des indigènes habilement dissimulées.

Ces résultats d'ordre général, dont nous venons de constater l'importance, ne peuvent être atteints qu'à la condition formelle que la colonisation soit sérieusement encouragée et rationnellement dirigée.

Nous allons voir comment les Écoles de Colons seraient en mesure d'apporter leur utile contribution à l'œuvre colonisatrice et comment leur mise en pratique constituerait à la fois un encouragement et une direction pour l'entreprendre et la mener à bien.

Prenons d'abord le Colon au seuil de son entreprise. Que se passe-t-il généralement ? s'il dispose d'un capital de 5000 à 10000 francs, il ne

aspirant à bord du *Nestor,* commandant Lucas, en rade de Brest.

Dans ce port, témoin de son premier sauvetage, Conseil paya, pour la seconde fois, de sa personne, et commanda la chaloupe que l'on

avait envoyée au secours du vaisseau le *Galimen,* commandant Le Duc, qui s'était échoué près de Brest et qui, sans secours, allait périr.

Conseil, prévoyant le danger du navire, songea à établir des communications avec les embarcations lancées au secours des naufragés. Il importait surtout que ces communications fussent promptement établies.

Alors, le jeune aspirant *enleva*, par quelques bonnes paroles, les hommes de son équipage ; la chaloupe fit force de rames, et, glissant sur les flots, vint se ranger sous le vent du vaisseau, qui commençait à appiquer. En un clin d'œil, il allégea d'une centaine de matelots le navire, qui commençait d'engloutir la chaloupe avec lui.

Puis, les autres embarcations vinrent s'amarrer à son bateau, et emportèrent successivement tout l'équipage.

Malgré la célérité que l'on mettait à opérer le sauvetage, le *Galimen* s'enfonçait de plus en plus ; les embarcations ne pouvaient plus contenir personne.

Il restait encore une centaine de naufragés ; mais la chaloupe de Conseil ne pouvait en supporter que soixante, et encore avec peine.

Que faire ? Le temps pressait....

Le jeune aspirant n'hésita pas ; il embarqua tout le monde, au risque de couler bas.

Vingt fois il manqua de chavirer ; enfin, après des efforts et une prudence inouïs, il ramena ses passagers sains et saufs à bord du *Nestor*.

Grâce aux bonnes dispositions prises par Conseil, à son adresse et à son dévouement, sur 750 hommes d'équipage, il n'y eut à déplorer que trois morts.

Sur le rapport du contre-amiral Moulac, alors lieutenant de vaisseau à bord du *Galimen*, le commandant Le Duc adressa à Conseil les plus chaleureuses félicitations sur ce sauvetage vraiment miraculeux.

Tels furent les débuts du brave Jules-Aimé dans sa double carrière de marin et de sauveteur.

Maintenant, nous allons le trouver, durant sa vie, toujours courageux et dévoué, et, quand il ne paye pas de sa personne, étudiant et inventant de nouveaux moyens pour atteindre son but.

En effet, il serait difficile d'énumérer les différents sauvetages auxquels Conseil participa, depuis le naufrage du *Galimen* jusqu'à celui du brick *la Minerva,* de Saint-Malo, dans la baie de la Torche (pointe de Penn'marck), en 1815.

Parmi les passagers qu'il eut le bonheur d'arracher à la mort, se trouvait le fils du consul français à Cadix, qui rentrait en France.

L'année d'après (1816), Jules-Aimé travaillait pour passer son examen de capitaine au long cours, lorsqu'on l'avertit que le brick malouin *la Fleur-de-Lys,* arrivant de Terre-Neuve, était en train de mouiller en détresse, en face du banc de la Gamelle (rade d'Audierne), et cela dans une très fâcheuse position.

Aussitôt Conseil rassemble quatre de ses camarades qui, comme lui, préparaient leurs examens; et, avec l'aide de l'équipage de la bombarde *l'Agatois,* d'Agde, qu'ils avaient précédemment tirée d'un pas dangereux, les cinq jeunes gens parviennent, malgré la lame affreuse qui se brisait à l'entrée du port, à amener la *Fleur-de-Lys* dans le bassin.

Depuis cette époque jusqu'en 1820, on a peu de renseignements sur les différents sauvetages auxquels Aimé Conseil a pu participer. Le jeune capitaine était occupé à courir les mers, soit en Europe, soit en Amérique.

Mais en 1820 il se signale par de nouveaux exploits. Il était alors second sur le brick *l'Emilie*, de Brest, capitaine Quesnel. Obligé de relâcher — parce qu'il avait dépassé son port de destination, Rouen — à Ramsgate (Angleterre), lors du coup de vent du 14 octobre 1820, Conseil organisa et aida à opérer le sauvetage de deux navires péris à la côte et dans le port ; c'étaient le sloop *l'Espérance*, de Calais, capitaine Chevrier, et la passe belge *Charlotte et Colette*, d'Ostende.

En 1821, des avaries le forcent à relâcher à Saint-Ypres (Angleterre), avec le *Saint-Georges*, capitaine Amisiel.

Pendant qu'on répare le bâtiment, un terrible coup de vent d'ouest met en péril quarante chaloupes de pêche à la sardine, qui étaient toutes amarrées l'une à l'autre, à l'entrée du port.

Ces embarcations, avec leur mousse de garde, eussent infailliblement péri, tant le grelin qui les attachait était mince, si Conseil, au risque de sa vie, ne fût parvenu à doubler cette amarre et à rentrer toutes les barques au port.

On a pu, par ce qui précède, apprécier suffisamment le mérite et le courage du capitaine Conseil, qui a sauvé — nous ne parlons que de ce qui est connu et prouvé — 384 personnes et 74 navires.

De plus, dévoué et intrépide, sur terre comme sur mer, il s'est signalé, alors qu'il était capitaine de port à Dunkerque, dans seize incendies.

Peu d'hommes ont eu une existence aussi bien remplie que celle de Jules-Aimé Conseil, et l'Etat, en mettant sur sa poitrine la croix de la Légion d'honneur, n'a fait que lui accorder la juste récompense de ses travaux et de son dévouement.

Ce fut pendant ses voyages, et surtout pendant son séjour à Dunkerque, que le capitaine Conseil, instruit par les leçons de l'expérience, inventa, modifia et perfectionna, suivant les règles de la science, divers appareils de sauvetage.

Dans un âge avancé, à soixante et onze ans, il a voulu contribuer encore à l'œuvre de charité et de dévouement qui a fait l'objet principal de sa vie. C'est ainsi qu'il a inventé et exposé *la bouée de sauvetage à voile, la cuirasse de sauvetage et de natation*, ainsi que divers autres appareils.

Le premier il a publié un ouvrage écrit avec science, clarté et méthode : *le Guide pratique du sauvetage à l'usage des marins.*

Conseil est également l'auteur de plusieurs autres écrits, à juste titre estimés : *Des premières leçons de natation* et *Conseils pratiques de sauvetage dans les eaux intérieures ; De la Télégraphie nautique ; Du canotage appliqué au sauvetage ;* et de différents ouvrages sur l'art de sauver dans les naufrages et les incendies.

En un mot, comme homme d'action et comme homme de science, le capitaine Conseil est une de ces natures méritantes et courageuses dont il est juste et utile de porter le nom et les belles actions à la connaissance de la postérité.

VI

Importance des Colonies françaises.

VI.

IMPORTANCE DES COLONIES FRANÇAISES.

On connaît généralement fort peu, en France, la population et l'importance de nos colonies.

A la fin d'un volume consacré à des explorateurs et à des marins qui, à diverses époques, se sont efforcés d'accroître notre puissance coloniale, il est intéressant de faire ressortir par quelques chiffres l'importance des possessions d'outre-mer glorieusement assurées à la mère patrie par leur indomptable courage et leur héroïque valeur.

Donnons d'abord, pour chacune de nos colonies, la population dont le recensement a été effectué en 1887, et dont voici, d'après les statistiques coloniales, les chiffres officiels, que nous classons par ordre numérique décroissant :

Algérie.	3,360,000	habitants.
Tunisie.	2,100,000	—
Cochinchine..	1,792,833	—
Inde.	275,261	—
Guadeloupe.	181,098	—
Réunion..	179,630	—
Martinique.	169,232	—
Sénégal.	138,391	—
Nouvelle-Calédonie. .	56,463	—
Rivières du Sud (Sénégal)..	44,846	—
Guyane.	26,502	—
Taïti.	22,646	—
Nossi-Bé	11,300	—
Mayotte.	10,049	—
A reporter. .	8,368,251	habitants.

Report. . .	8,368,251	habitants.
Sainte-Marie de Madagascar	7,634	—
Saint-Pierre et Miquelon	6,300	—
Guinée.	349	—
Ensemble. .	8,382,534	habitants.

Il résulte de ce tableau que la population totale de nos colonies atteint le chiffre d'environ huit millions et demi d'habitants ; elle augmente ainsi de près du quart la population de la métropole.

Un renseignement corrélatif sur la vitalité de nos possessions d'outre-mer réside dans la valeur des produits que nous en tirons et que nous importons en France.

Nous allons le donner également, en suivant toujours l'ordre numérique d'importance.

La Martinique et la Guadeloupe sont celles de nos colonies qui nous rapportent le plus ; chacune nous fournit par an pour 17 millions de francs de marchandises : sucre, cacao, campêche, eaux-de-vie, oiseaux, fruits conservés, etc.

L'Inde vient ensuite avec son apport de 16 millions, consistant en café, pistaches et huile de pistaches, poivre, tamarin, tissus, peaux, etc.

Saint-Pierre et Miquelon nous envoient pour 15 millions de morue et d'huile de morue.

Le Sénégal fournit pour 14 millions d'oiseaux, de plumes, de gomme, d'arachides et de fruits.

La Réunion concourt à nos importations pour 10 millions de sucre, de vanille, etc.

La Guyane produit 5 millions d'or, de plumes, de cacao, etc.

Ensemble, les autres colonies font un appoint de 8 millions.

On le voit, la Tunisie et l'Algérie ne figurent pas dans cette énumération : nous n'avons pas encore eu connaissance des documents officiels qui les concernent.

Donc, en dehors de nos deux grandes provinces africaines, la *Nouvelle-France,* comme les a si patriotiquement nommées Edmond About, nos colonies nous fournissent pour plus de 100 millions de marchandises.

Il ne faut pas perdre de vue qu'elles font du commerce non seulement avec nous, mais entre elles et surtout avec l'étranger ; c'est un chiffre que nous pouvons encore donner. Nos colonies réalisent une somme de 127 millions de francs avec leurs produits qu'elles vendent à l'étranger.

Enfin, pour nous résumer, le chiffre total du commerce colonial (sans compter l'Algérie et la Tunisie), tant importations qu'exportations, atteint aujourd'hui 474 millions, bientôt un demi-milliard de francs.

Ce chiffre méritait bien d'être inscrit à la fin de ce volume. Nos lecteurs le retiendront dans leur mémoire et en apprécieront l'importance.

FIN.

TABLE

PAGES

Paris-Lille. Imp. A. Taffin-Lefort. — 12-100.

www.ingramcontent.com/pod-product-compliance
Lightning Source LLC
LaVergne TN
LVHW020335230826
846091LV00003B/881

* 9 7 8 2 0 1 3 3 8 4 0 9 4 *